L. von Helden-Sarnowki

Populäre Theorie des Schiessens

Mit practischen Fingerzeigen für den Schiess-Instructeur. Mit 4 Tafeln
erläuternden Zeichnungen

L. von Helden-Sarnowki

Populäre Theorie des Schiessens
Mit practischen Fingerzeigen für den Schiess-Instructeur. Mit 4 Tafeln erläuternden Zeichnungen

ISBN/EAN: 9783743453593

Hergestellt in Europa, USA, Kanada, Australien, Japan

Cover: Foto ©Andreas Hilbeck / pixelio.de

Manufactured and distributed by brebook publishing software (www.brebook.com)

L. von Helden-Sarnowki

Populäre Theorie des Schiessens

Populäre
Theorie des Schiessens

mit

practischen Fingerzeigen

für den Schieß-Instructeur.

Von

L. von Helden-Sarnowki,

Hauptmann und Compagnie-Chef im 1. Thüringischen Infanterie-Regiment Nr. 31.

Mit 4 Tafeln erläuternden Zeichnungen.

Erfurt,
Verlag von Carl Villaret.
1862.

Vorrede.

Indem der Verfasser dieses Werkchens aufrichtig erklärt, daß er lieber die Waffe selbst, als die Feder führt, nimmt er die Nachsicht seiner geehrten Leser in Anspruch. Er ist durchaus nicht geneigt, die Theorie des Schießens über die Praxis zu stellen, sieht dieselbe jedoch als eine nothwendige Begleiterin der Letztern an. Irrige Ideen fassen leicht Wurzel, und wir begegnen denselben auf dem in Rede stehenden Felde nicht selten. Diesen entgegenzutreten, die hauptsächlichsten Erscheinungen beim Schießen auf eine leicht faßliche Weise naturgemäß zu erklären, und dem Instructeur die Mittel der Verständigung mit dem Soldaten anzugeben, ist der Zweck dieses Schriftchens. Der Verfasser hat demselben keine größere Ausdehnung gegeben, als die specielle Kenntniß unserer Infanterie-Waffe erfordert, und sich bemußt, es dem geistigen und wissenschaftlichen Standpunkte der Unteroffiziere anzupassen. Es wird ihm eine große Freude sein, wenn er damit zugleich seinen Kameraden einen Dienst geleistet hat.

Der Verfasser.

Theorie des Schießens.

Wenn ein Körper sich nicht bewegt, so sagt man: er sei im Zustande der Ruhe. Aus diesem Zustande kommt er nur durch Anwendung einer Kraft in den Zustand der Bewegung. Will man ihn aus dem Zustand der Bewegung wieder in den Zustand der Ruhe versetzen, so muß man abermals Kraft anwenden, und zwar eben so viel, als nöthig war, ihn in Bewegung zu setzen.

Das Bestreben eines Körpers im Zustande der Ruhe oder der Bewegung zu bleiben, nennt man die Trägheit oder das Beharrungsvermögen.

So gut man sich einen Körper in immer kleinere Theile getheilt denken kann, eben so gut kann man ihn auch aus solchen ganz kleinen Theilchen zusammengesetzt denken. Sind nun diese Theilchen alle von derselben Art, z. B. von Blei, Holz oder Luft u. s w., so nennt man einen solchen Körper gleichartig oder homogen — Je mehr solcher Theilchen einen Körper bilden, um so mehr Masse hat derselbe, das heißt, um so schwerer ist er.

Nun aber läßt sich ein schwerer Körper nicht so leicht in Bewegung bringen oder in der Bewegung aufhalten, als ein leichter, also hat ein schwerer Körper mehr Beharrungsvermögen oder Trägheit als ein leichter und zwar je nach seiner Schwere, d. h., bei doppelter Schwere hat er auch das doppelte, bei dreifacher Schwere das dreifache Beharrungsvermögen u. s. w.

Mit einer gewissen gleichen Kraft wird man einen leichten Körper in eine schnellere Bewegung setzen können, als einen schweren und zwar, wenn der eine Körper 1, 2, 3 mal leichter ist, als der Andere, so wird man ihn mit derselben Kraft in eine 1, 2, 3 mal schnellere Bewegung setzen können. Will man hingegen diese ungleich schweren Körper in eine gleich schnelle Bewegung versetzen, so muß man auch so viel mal mehr Kraft auf den schweren Körper verwenden, als dieser schwerer als der leichte Körper ist.

Wirkt man mit gleichen Kräften auf gleiche Massen ein, so entsteht eine gleiche Geschwindigkeit.

Hieraus folgt, daß man die einem bewegten Körper ertheilte Kraft, also die Kraft seiner Bewegung, findet, wenn man seine Geschwindigkeit mal seinem Gewicht nimmt.

Hat man einen Körper durch irgend eine Kraft fortbewegt, so hat man diese Kraft auf den Körper übertragen und er muß sie wieder an einen anderen Körper abgeben, wenn er zur Ruhe kommen soll. So überträgt die geschossene Kugel die ihr ertheilte Kraft zum Theil auf die ihr im Wege stehende Luft, und den Rest derselben auf das Ziel, in das sie einschlägt. Die Kraft mit der sie dort einschlägt, nennt man die Percussions- oder Einschlagskraft. Hat die Kugel auf diese Weise alle Kraft abgegeben, so kommt sie zur Ruhe.

Die Schwere eines Körpers bezeichnet man durch sein (absolutes) Gewicht; die Schnelligkeit seiner Bewegung dadurch, daß man angiebt, um wie viel Raumtheile er sich in einer gewissen Zeit bewegt, z. B.: Ein Mann geht so schnell, daß er in 2 Stunden eine Meile zurücklegt, oder eine Kugel fliegt in einer Secunde 400 Schritt.

Wie oben gesagt, hat ein bestimmter Körper, um die doppelte, 3 oder 4fache Geschwindigkeit zu erhalten, die doppelte, 3 oder 4fache Kraft nöthig. Wenn ein solcher Körper aber nicht durch einen leeren Raum fliegt, sondern durch einen mit einem anderen Körper, z. B. mit Luft ausgefüllten Raum, so muß er sich erst den Weg frei machen, indem er die Luft aus seiner

Bahn wegschiebt. Um aber den Widerstand der Luft zu beseitigen, muß der Körper von seiner Kraft etwas an die wegzuschiebende Luft abgeben. Wie viel er von seiner Kraft abgeben muß, hängt davon ab, wieviel Lufttheilchen er verdrängen, und mit welcher Geschwindigkeit er diese Lufttheilchen beseitigen muß, denn wir haben gesehen, daß man um so mehr Kraft braucht, je schneller man denselben Körper in Bewegung setzen will. Fliegt also z. B. eine Kugel durch die Luft mit einer Geschwindigkeit von 100 Fuß auf die Secunde, so würde sie eine Luftsäule von dem Durchmesser der Kugel und der Länge von 100 Fuß in einer Secunde wegstoßen müssen, und die hierzu nöthige Kraft an ihrer eigenen Geschwindigkeit verlieren. Fliegt hingegen dieselbe Kugel noch einmal so rasch, also 200 Fuß in der Secunde, so würde sie nicht allein in derselben Zeit (einer Secunde) die doppelt lange Luftsäule wegräumen, sondern diese doppelte Luftmasse auch in die doppelte Geschwindigkeit versetzen müssen, also die 4fache Kraft gebrauchen und an ihrer eigenen Geschwindigkeit verlieren. Die Luft bietet daher bei doppelter Geschwindigkeit dem Körper nicht einen doppelten, sondern einen 4fachen Widerstand in derselben Zeit. So bietet sie auch bei 3facher Geschwindigkeit einen 9fachen, bei 4facher einen 16 fachen u. s. w. Widerstand, also immer so viel, als wenn man die Zahl, welche das Vielfache der Geschwindigkeit bezeichnet, mit sich selbst multiplicirt.

Wenn zwei gleich große Kugeln mit gleicher Geschwindigkeit geschossen werden, wovon die eine das doppelte Gewicht hat, als die andere, so wird die Erstere gerade halb so leicht den Widerstand der Luft überwinden, als die zweite, weil sie eben durch ihr doppeltes Gewicht auch eine doppelte Kraft abzugeben hat. Sie wird daher länger in ihrem Flug beharren, und zwar nach Verhältniß ihrer größeren Schwere. Wenn man ferner eine Kugel von 4 Zoll und eine Andere von 2 Zoll Durchmesser von gleicher Schwere mit gleicher Geschwindigkeit schießt, so sieht jeder leicht ein, daß die 2zöllige Kugel weniger

Widerstand an der Luft findet, als die 4zöllige, denn Letztere hat mehr Luft wegzuräumen. Das Verhältniß des Widerstandes der Luft bekommt man aber, wenn man die Halbmesser der Kugeln mit sich selbst multiplicirt. Hiernach hätte die 4zöllige Kugel den Widerstand von $2 \times 2 = 4$, die 2zöllige aber nur den von $1 \times 1 = 1$ zu überwinden.

Man sieht aus dem eben Gesagten leicht ein, daß, wenn man dem Körper, den man schießen will, nicht die Form der Kugel, sondern eine längliche Form, wie das Langblei giebt, und ihn mit der Spitze vorausgehen läßt, er, bei verhältnißmäßig großer Schwere, doch nur einen geringen Luftdruck zu überwinden hat, also auch viel weniger an seiner Schnelligkeit verliert, als ein Körper von gleicher Schwere und Geschwindigkeit, der diese Form nicht hat.

Diese Thatsachen beobachtet man sehr gut beim Vergleich der alten und neuen Munition des Zündnadelgewehres.

Die oben über den Widerstand der Luft ausgesprochenen Regeln hängen jedoch auch noch von der Form des Geschosses ab und gelten überhaupt nur bis zu einem gewissen Grade der Geschwindigkeit, von dem ab (etwa 1300 bis 1400 Fuß auf die Secunde) der Widerstand noch in stärkerem Maaße zunimmt, weil die Lufttheilchen bei zu großer Geschwindigkeit gewissermaßen nicht mehr Zeit zum Ausweichen haben und sich vor der Kugel ballen (comprimiren).

Was hier von dem Widerstand der Luft auf einen bewegten Körper gesagt ist, gilt auch von jeder anderen Materie, Wasser, Holz, Fleisch u. s. w., nur daß die Kraft des bewegten Körpers um so eher aufgebraucht ist, und derselbe um so schneller zum Zustand der Ruhe kommt, je dichter und schwerer die Materie ist, welche er durchbrechen muß.

Wir wissen, daß es Körper giebt, die bei geringem Gewicht viel, und Andere, die bei großem Gewicht wenig Raum einnehmen, und haben gesehen, daß Letztere für den Zweck des Schießens den Vorzug haben. Wir sagen z. B. Holz ist leichter als Blei, haben aber dabei immer in Gedanken gleich große Stücke verglichen. Vergleichen wir nun in dieser Art verschiedene Körper mit dem Wasser, untersuchen, wie viel mal diese Körper schwerer oder leichter sind, als eine gleich große Menge von Wasser, und drücken dies durch eine Zahl aus, so bedeutet diese Zahl das specifische Gewicht dieser Körper. Man sagt daher: Das specifische Gewicht von Wasser ist 1, das von Platina 22, das von Gold 19, von Blei 11, von Kork $24/_{100}$ (0,24). — Dies heißt nichts Anderes, als daß Platina 22mal, Gold 19mal, Blei 11mal, Kork $24/_{100}$ (0,24) mal schwerer (Kork also beinah 4mal leichter), als eine gleich große Menge Wasser ist.

Leicht ersichtlich werden zu Geschossen deshalb specifisch schwere Körper gewählt, weil sie in kleinem Raum viel Gewicht vereinigen und daher ein bedeutendes Beharrungsvermögen haben. Blei ist dasjenige Metall, welches in dieser und anderer Rücksicht (Billigkeit, leichte Bearbeitung u. s. w.) für die Handfeuerwaffen allgemein verwendet wird.

Untersuchen wir jetzt, was daraus entsteht, wenn verschiedene Kräfte auf einen Körper gleichzeitig einwirken.

Hat man einen Körper mit einer gewissen Kraft, die wir mit 1 ausdrücken wollen, in Bewegung gesetzt, so ist die Größe der Bewegung dieses Körpers gleich 1. Läßt man nun von der entgegengesetzten Seite eine gleiche Kraft 1 wirken, so werden sich beide Kräfte aufheben. Wirkt die zweite Kraft in derselben Richtung auf den bewegten Körper, so wird sie sich auf denselben übertragen, und er wird die doppelte Größe der Bewegung, die Kraft 2, erlangen.

Wie das bei gleichen Kräften ist, so ist es auch bei ungleichen und man kann allgemein sagen: Wenn mehrere Kräfte in derselben Richtung auf einen Körper wirken, so wird derselbe eine Bewegungskraft erhalten, als wenn alle diese Kräfte vereint (d. h. die Summe der Kräfte) auf ihn gewirkt hätten; wirken hingegen zwei oder mehrere Kräfte von entgegengesetzter

Seite auf einen Körper, so wird ein der kleineren Kraft gleiches Quantum in der größern Kraft aufgehoben werden, und die größere Kraft nur mit dem Rest ihrer Kraft (der Differenz der Kräfte) ihre Wirkung auf den Körper äußern. Stellen wir uns die Größe der Kräfte durch die Länge der Linien und ihre Richtung durch die Lage derselben dar, so wird (Fig. 1.), wenn auf A die Kräfte a, b, c und d in der Richtung e f sich äußern, die Wirkung so groß sein, als wenn dies von der Kraft a $+$ b $+$ c $+$ d (k l) in der Richtung e f geschieht. Wirkte dagegen Kraft a in e f, Kraft b in h g, so würde der Körper die Kraft des Unterschiedes dieser Kräfte, a weniger b, von e f empfangen. Wirkt von links a und b, von rechts c und d, so würde daraus die Kraft a $+$ b (k m) weniger c $+$ d (m l) entstehen, und zwar von links wirken, weil k m größer als m l ist.

Figur 2. Aeußern sich zwei Kräfte gleichzeitig, aber in verschiedenen Richtungen auf einen Körper, z. B. die Kraft A b in der Richtung von A nach b und die Kraft A c in der Richtung von A nach c, auf A, so wird sich der Körper weder nach der Einen, noch nach der Anderen, sondern zwischen beiden Richtungen bewegen. Ist die Kraft A b so stark, um A in einer gewissen Zeit, z. B. 1 Secunde nach b zu bewegen, und die Kraft A c so groß, um A in derselben Zeit (einer Secunde) nach c zu bringen, so würde der Körper A in einer Secunde an demselben Punkte ankommen, als wenn man ihn erst durch die eine Kraft nach b, und dann durch die andere Kraft in der Richtung von A nach c (d. h. mit A c gleichlaufend, parallel) bewegt hätte. Dieser Punkt ist d und der Körper würde also in der Richtung A d bewegt worden sein.

Denkt man sich, A wäre ein Schiff, das durch den Wind in ¼ Stunde so weit wie A c und auch in dieser Richtung, durch den Strom aber in derselben Zeit so weit wie A b und auch in dieser Richtung getrieben würde, so würde dasselbe nach ¼ Stunde weder in b noch in c, sondern in d, und zwar auf dem Wege A d ankommen. Das Nämliche würde aber das

Schiff thun, ließe man auf dasselbe statt der beiden Kräfte A c und A b nur eine Kraft in der Richtung von A d wirken, die aber so stark wäre, daß sie das Schiff in $\frac{1}{4}$ Stunde nach d brächte. Die beiden Kräfte A c und A b sind also gleich der Einen A d. Man nennt Letztere die Hauptkraft (Resultante), jene Beiden, die Seitenkräfte (Componenten). Die ganze Zeichnung (Construction) aber, wodurch man Richtung und Größe der Hauptkraft findet, heißt das Paralellogramm der Kräfte.

Man sieht aber auch leicht, daß die beiden Kräfte sich gegenseitig mehr abschwächen, je weiter ihre Richtung auseinander geht, d. h., je größer der Winkel bei A wird, hingegen verstärken, je kleiner dieser Winkel wird.

Umgekehrt kann man auch eine Hauptkraft in zwei Seitenkräfte zerlegen, wenn auch Richtung und Größe der einen Seitenkraft bestimmt ist. Gesetzt A sei ein Körper, den man in der Richtung A d und durch eine Hauptkraft fortschaffen kann, die ihn in einer gewissen Zeit, z. B. einer Minute, nach d bringt. Man kann aber die Kraft nicht in dieser Richtung anbringen, sondern man muß eine Seitenkraft in der Richtung A b anwenden, die so groß ist, daß sie allein den Körper A in einer Minute nach b bringen würde. Man fragt nun, wie groß würde die andere Seitenkraft sein, und in welcher Richtung würde sie wirken müssen, damit beide Seitenkräfte zusammen den Körper A nach d bewegen. — Zu dem Ende verbindet man b mit d, zieht eine mit b d gleichlaufende (parallele) Linie durch A und eine mit A b gleichlaufende Linie durch d, verbindet den Schnittpunkt dieser Linie c mit A, so ist A c die Richtung und die Größe der anderen gesuchten Seitenkraft.

So gut man aber 2 Kräfte in eine vereinigen, oder eine Kraft in 2 zerlegen kann, so kann man auch viele Kräfte, indem man sie stets zu zwei und zwei vereinigt, in eine Hauptkraft zusammenfassen, oder eine Hauptkraft, indem man sie immer in zwei Seitenkräfte zerlegt, in eine Menge Seitenkräfte zerlegen.

Wir haben bisher stets angenommen, daß ein Körper, wenn er nach einer gewissen Richtung eine Kraft mitgetheilt bekommt, sei es durch Stoß, Schlag, Schieben, Ziehen, auch sich in derselben Lage nach dieser Richtung bewegt. Dies ist aber nur dann der Fall, wenn man die Kraft auf seinen Schwerpunkt, oder in der Richtung desselben wirken läßt. Es entsteht nun die Frage: Was ist und wo liegt der Schwerpunkt eines Körpers?

Der Schwerpunkt eines Körpers aber ist der Punkt, in dem sich das ganze Gewicht des Körpers gewissermaßen so vereinigt, wie vorher die Seitenkräfte sich in einer Hauptkraft vereinigten. Alle Gewichtstheilchen des Körpers sind nämlich so um den Schwerpunkt vertheilt, daß, wenn man denselben von irgend einer Seite her unterstützt, der Körper immer balancirt. Will man ein Lineal oder einen Stock auf einer Messerklinge balanciren, so sucht man den Schwerpunkt mit der Klinge. Hat man ihn gefunden und unterstützt, so balancirt der Stock. Schnellt man ihn mit dem Messer in die Höhe, so wird er, ohne sich zu drehen, fortfliegen. Unterstützt man aber den Stock seitwärts des Schwerpunktes und schnellt ihn dann in die Höhe, so wird er zwar in die Höhe fliegen, aber nicht gerade, sondern nach der Seite, wo der Schwerpunkt liegt; außerdem wird er sich aber noch dabei drehen und zwar um seinen Schwerpunkt und in der Richtung des Stoßes.

Wir sehen daraus, daß ein Körper, auf den eine Kraft wirkt, die nicht den Schwerpunkt trifft, eine drehende Bewegung um denselben annimmt und daß er sich auch nicht genau in der Richtung der Kraft fortbewegt.

Schwerpunkt und Mittelpunkt sind jedoch nicht zu verwechseln, denn selbst bei einer Kugel liegt der Schwerpunkt nur dann im Mittelpunkte, wenn dieselbe aus ganz gleichartiger Masse besteht (homogen ist).

Die Erde ist annähernd eine Kugel und alle Gegenstände, die wir fallen lassen, scheinen uns nach dem Mittelpunkte derselben zu fallen; sie fallen aber nach dem Schwerpunkte, als nach dem Punkte, der, wie oben gesagt, der Inbegriff des ganzen Gewichts der Erde ist. Wir haben kennen gelernt, daß ein Körper, der von einer Kraft in Bewegung gesetzt ist, die Richtung seiner Bewegung und dieselbe Geschwindigkeit beibehält, insofern er nicht durch eine andere Kraft aufgehalten oder abgelenkt wird. Dies ist aber nur bei Kräften der Fall, die einmal (momentan) wirken, als da ist, ein Stoß, Schlag u. s. w. Es giebt jedoch auch noch Kräfte in der Natur, die dauernd, nachhaltig (continuirlich), d. h. ohne Aufhören mit gleicher Kraft auf den Körper fortwirken. Daß eine solche Kraft eine stets zunehmende Geschwindigkeit hervorbringt, leuchtet nach dem früher Gesagten ein.

Ebenso kann eine solche dauernd wirkende Kraft aber auch eine gleichmäßige Verzögerung hervorbringen, wenn sie einem, durch eine momentane Kraft bewegten Körper entgegen wirkt. Die Fallkraft, Schwerkraft oder Anziehung der Erde ist eine solche dauernd wirkende Kraft.

Lassen wir einen Stein von einer gewissen Höhe fallen, so wird er durch die fortwährend gleiche Einwirkung der Fallkraft seinen Weg immer mehr beschleunigen. Werfen wir dagegen einen Stein senkrecht in die Höhe, so wird derselbe Anfangs rasch, nachher, durch die Einwirkung der Fallkraft von der entgegengesetzten Seite, immer langsamer steigen, bis die Fallkraft die Wurfkraft überwunden hat und er zum Stillstand kommt; dann wird er in derselben Weise, wie der fallen gelassene Stein, anfänglich langsam, dann immer schneller zur Erde kommen.

Die Art nun, wie ein fallender Körper seine Geschwindigkeit vermehrt, wollen wir nachher untersuchen, jedoch müssen wir uns, um es eben nur mit der Fallkraft zu thun zu haben, jede andere Kraft wegdenken, also auch den Widerstand der Luft, und vorausschicken, daß jeder Körper im luftleeren Raum gleich stark fällt, weil er durch nichts aufgehalten wird.

Läßt man einen Körper fallen, so geht er durch die auf ihn wirkende Anziehungskraft der Erde, aus dem Zustande der Ruhe in den Zustand der Bewegung über, und zwar in senkrechter Richtung, d. h. nach dem Schwerpunkte der Erde. Wirkte die Kraft nur einmal, so würde der Körper in gleichmäßiger Geschwindigkeit sich fort bewegen (fallen). Da aber die Kraft, welche die Bewegung verursacht hat, fortwährend, auch während der Bewegung selbst, nachwirkt, so muß auch die Bewegung sich in jedem Moment verstärken, und zwar gleichmäßig verstärken, d. h. der Körper wird mit gleichmäßig zunehmender Geschwindigkeit fallen. Beobachtet man nun einen fallenden Körper eine gewisse Zeit, z. B. eine Secunde lang, von dem Moment an, wo man ihn losläßt, so kann man leicht erfahren, welchen Raum er in dieser Secunde durchfallen hat. Es sei dieser Raum a b Figur 3 gleich einer Ruthe, so ist doch die durchschnittliche Geschwindigkeit des Körpers beim Fallen in der ersten Secunde eine Ruthe gewesen, d. h., wenn der Körper gleichmäßig gefallen wäre, würde er eine Ruthe in einer Secunde durchflogen haben. Da er aber gleichmäßig in seiner Geschwindigkeit zunahm, in a die Geschwindigkeit von Null hatte und doch in einer Secunde von a nach b, eine Ruthe weit sich bewegte, so kann er nur in einem Punkte und zwar mitten zwischen a und b wirklich mit der Durchschnitts=Geschwindigkeit gefallen sein, und muß in b mit der doppelten Geschwindigkeit, also mit einer Geschwindigkeit von 2 Ruthen auf eine Secunde ankommen (d. h., wenn von b ab die Anziehungskraft der Erde plötzlich zu wirken aufhörte und der Körper nur mit der Kraft seiner bisherigen Bewegung weiter flöge, würde er immerfort 2 Ruthen auf die Secunde machen). Das Ganze heißt weiter Nichts, als daß man bei einer gleichmäßig beschleunigten Bewegung die End=geschwindigkeit findet, wenn man den Unterschied zwischen der Anfangsgeschwindigkeit und Durchschnittsgeschwindigkeit zu der Durchschnittsgeschwindigkeit zählt, oder, daß die Zahl, welche mitten zwischen der Anfangs= und Endgeschwindigkeit liegt, die

Durchschnittsgeschwindigkeit ist. Bei a war die Anfangsgeschwindigkeit gleich Null, die Durchschnittsgeschwindigkeit zwischen a und b war eine Ruthe auf die Secunde, mithin die Endgeschwindigkeit 2 Ruthen auf die Secunde. Die Durchschnittsgeschwindigkeit von Eins liegt aber in der Mitte von Anfangs- und Endgeschwindigkeit, von Null und 2. Machen wir uns diesen Satz durch ein praktisches Beispiel klar: Ein Mann soll in gleichmäßig zunehmender Geschwindigkeit marschiren. Er geht also den 1sten Tag 1 Meile, den 2ten Tag 2 Meilen, den 3ten 3 Meilen u. s. fort. In 5 Tagen ist er gegangen: $1 + 2 + 3 + 4 + 5$, also 15 Meilen. Seine Anfangsgeschwindigkeit war eine Meile auf einen Tag, seine Durchschnittsgeschwindigkeit 15 Meilen auf 5 Tage, also 3 Meilen auf einen Tag. Nimmt man den Unterschied der Anfangs- und Durchschnittsgeschwindigkeit zur Letzteren, also 3 weniger 1 zu 3, so erhält man die Endgeschwindigkeit 5. Die mittelste Zahl aber zwischen der Anfangs- und Endgeschwindigkeit, zwischen 1 und 5, ist die Durchschnittsgeschwindigkeit 3. — (Die Durchschnittsgeschwindigkeit ist die mittlere Proportionale zwischen Anfangs- und Endgeschwindigkeit.)

Haben wir uns diese Sache klar gemacht, so entwickelt sich die Regel des Falles ganz leicht. Figur 3. Ein Körper hat also a b (gleich 1 Ruthe) in einer Secunde durchfallen und ist nach dieser Secunde in b mit einer Geschwindigkeit von 2 Ruthen auf die Secunde angekommen. Dies würde die Anfangsgeschwindigkeit für den Fall der 2ten Secunde sein. Durch diese Geschwindigkeit allein würde der Körper während der 2ten Secunde 2 Ruthen fallen, da ihm aber noch während dieses Falles (von einer Secunde) die ganze Anziehungskraft der Erde zu Gute kommt und diese ganz für sich allein, wie wir bei der 1sten Secunde gesehen haben, den Körper in einer Secunde um eine Ruthe fortbewegt, so würde derselbe während der 2ten Secunde 3 Ruthen fallen, also am Ende derselben in c ankommen. Da nun seine Durchschnittsgeschwindigkeit in der

2ten Secunde gleich 3, die Anfangsgeschwindigkeit gleich 2 ist, so ist die Endgeschwindigkeit bei c, 3 weniger 2, zu 3, also 4. Setzen wir diese Rechnung in derselben Weise fort, so finden wir, daß in der 3ten Secunde der Körper bei der Anfangsgeschwindigkeit von 4 für sich allein schon 4 Ruthen, mit Hinzurechnung der Geschwindigkeit, die er noch durch die Anziehungskraft der Erde erhält, aber 5 Ruthen fallen, und daher in d mit der Endgeschwindigkeit von 6 Ruthen ankommen würde. In der 4ten Secunde würde er bis e, 7 Ruthen durchgefallen sein und bei e eine Geschwindigkeit von 8 haben u. s. w.

Betrachten wir nun Fig. 3. genauer, so ergeben sich folgende Regeln:

1) Die Richtung eines fallenden Körpers geht stets nach dem Schwerpunkte der Erde.

2) Wenn der Körper in der ersten Zeiteinheit (hier ist eine Secunde angenommen) einen gewissen Raum (hier eine Ruthe) durchfällt, so durchfällt er in der 2ten Zeiteinheit 3 mal, in der 3ten 5 mal, in der 4ten 7 mal u. s. w. diesen Raum. 1, 3, 5, 7 sind aber die ungeraden Zahlen. Mithin kann man allgemein sagen: Der Körper durchfällt in den aufeinanderfolgenden gleichen Zeiten so viel Raumtheile, als die aufeinanderfolgenden ungeraden Zahlen anzeigen.

3) Wollen wir wissen, wie viel Raumtheile der Körper in einer gewissen Anzahl Zeittheilchen durchfallen ist, so zählen wir die Raum- und Zeittheilchen zusammen und finden, daß er in einem Zeittheil einen Raumtheil, in 2 Zeittheilen 4 Raumtheilchen, in 3 Zeittheilchen 9, in 4 16, in 5, 25, in 6 Zeittheilchen 36 Raumtheilchen u. s. w. durchfallen hat. Wir finden also, daß wir nur die Zahl, welche die Zeittheilchen angiebt, mit sich selbst zu multipliciren (ins Quadrat zu erheben) haben, um die Anzahl der durchfallenen Raumtheile zu erhalten.

Das heißt, die Gesammtfallräume verhalten sich wie die Quadrate der Zeiten.

4) Die Endgeschwindigkeiten steigen mit der Zahl der Secunden, d. h., die Endgeschwindigkeit der ersten Secunde braucht man nur mit der Anzahl der Secunden zu multipliciren, um die Endgeschwindigkeit nach Verlauf derselben zu finden

Die oben gegebene Regel ist für jede dauernd (continuirlich) wirkende Kraft gültig, man muß nur durch Beobachtung die Durchschnittsbewegung des ersten Zeittheils festgestellt haben.

Die Anziehungskraft der Erde bewirkt (nach angestellten Versuchen), daß ein Körper circa 15 ($15\frac{a}{g}$) Fuß in der ersten Secunde fällt. Hiernach ergiebt sich: die Endgeschwindigkeit der auf einander folgenden Secunden 30, 60, 90, 120, 150 u. s. w. Fuß auf die Secunde. Die Fallräume der auf einander folgenden Secunden sind 15, 45, 75, 105, 135 u. s. w. Fuß. Die Gesammtfallräume in 1, 2, 3 u. s. w. Secunden sind 15, 60, 135, 240 u. s. w. Fuß. In 10 Secunden würde also ein Körper 10mal 10mal so viel Raum als in einer Secunde, d. i. $10 \times 10 \times 15$ Fuß durchfallen.

Nach dem bisher Gesagten sind wir schon im Stande, uns die Flugbahn eines Geschosses zu erklären, da wir die Kräfte kennen, welche auf eine mit einer gewissen Anfangsgeschwindigkeit geschossene Kugel, theils hindernd, theils ablenkend wirken. Diese Kräfte sind der Widerstand der Luft und die Fallkraft. Lassen wir vorläufig den Widerstand der Luft weg und betrachten die Wirkung der Fallkraft auf die wagerecht (horizontal) geschossene Kugel allein.

a. b. Fig. 4. sei das Rohr, b c die Verlängerung der Seelenachse. Die Eintheilung auf b c bedeute den Weg, den die Kugel in 1, 2, 3, 4 u. s. w. Viertelsecunden zurücklegen würde, wenn keine andere Kraft, als die ihr Anfangs gegebene Geschwindigkeit auf sie wirkte. b d bedeute die Richtung der Fallkraft, und die Zahlen I. II. III. u. s. w. sind die nach der

Fallregel verzeichneten Punkte, in benen eine, von b aus fallende Kugel nach 1, 2, 3, 4 u. s. w. Viertelssecunden anknäme. Die aus a b geschossene Kugel würde also vermöge ihrer Triebkraft allein nach der ersten, zweiten, dritten, achten Viertelssecunde in 1, 2, 3...8, und vermöge der Fallkraft allein nach der 1sten, 2ten, 3ten... 8ten Viertelsecunde in I., II., III.... VIII. ankommen. Nachdem, was früher über das Zusammenwirken zweier Kräfte (Parallelogramm der Kräfte) gesagt worden, würde der Einfluß der Fallkraft auf die gleichmäßige Fortbewegung der Kugel der Art sein, daß dieselbe nach der 1sten, 2ten und 3ten Viertelsecunde in e, f, g und nach der 8ten Viertelsecunde, also nach 2 Secunden, in m anlangen müßte. Die Flugbahn würde sich also durch die Punkte b, e, f, g, h, i, k, l, m bezeichnen.

Wir sehen aus Fig. 4., daß die zunehmende Fallkraft immer stärker ablenkend auf die gleichmäßige Vorwärtsbewegung wirkt, ohne dieselbe jedoch jemals zu verringern.

Fig. 4. zeigt uns aber auch, daß die Linien 1 e, 2 f, 3 g... 8 m gleich den Linien I. b, II. b, III. b... VIII. b sind. Denken wir uns nun an den Punkten 1, 2, 3.... 8 Nadeln gesteckt, an diese Fäden angehangen, welche am andern Ende mit kleinen Bleikugeln versehen sind, und geben wir den Fäden die Länge von 1 e, 2 f, 3 g... 8 m, so würde diese Reihe von Kugeln, wenn man das Blatt aufrichtet und a c wagerecht stellt, ebenfalls in die Punkte e, f, g, h . . . m fallen, mithin die Flugbahn vorstellen. Diese Reihe Kugeln stellt aber auch die Flugbahn für jede andere, als die wagerechte Richtung des Schusses vor, denn, wenn man auch c gegen a hebt oder senkt, so zeigen die kleinen Pendel (Bleilothe) doch immer die Richtung der Fallkraft und den Punkt an, wo von ¼ zu ¼ Secunde die geschossene Kugel ankommen müßte.

Hebt man z. B. c gegen a um 45 Grad (½ rechten Winkel), so würden die Pendel in é, f′, g′, h′, i′, k′, l′, m′, fallen, und diesen Bogen würde die geschossene Kugel machen, wenn man unter

45 Grad in die Höhe schießen wollte. Hält man aber c senk=
recht über a, b. h. schießt man senkrecht in die Luft, so fallen
alle Pendel in die Linie b c zurück, und zwar zeigt sich, daß
die Kugeln e und l bei n, f und k bei o, g und i bei p, und
h bei 2 fallen. Die geschossene Kugel würde also erstens nicht
aus der Linie der Seelenachse weichen, zweitens die Kugel
würde in der ersten Viertelsecunde bis n (b. i. b 1 weniger 1 e),
in der zweiten Viertelsecunde bis o (b 2 weniger 2 f), in der
dritten Viertelsecunde bis p (b 3 weniger 3 g), in der vierten
Viertelsecunde bis 2 (b 4 weniger 4 h) steigen. Hier würde
die Kugel zum Stillstand kommen, weil die treibende Kraft
durch die in der entgegengesetzten Richtung wirkende Fallkraft
aufgehoben ist. Von nun an wirkt die Fallkraft allein nach
der bekannten Regel und bringt in der fünften Viertelsecunde
die Kugel nach p (2 p = b I.), in der sechsten nach o (2 o
= b II.), in der siebenten nach n (2 n = b III.), in der
achten nach b (2 b = b IV.), von wo sie ausgegangen ist.
Wir sehen also, daß eine senkrecht geschossene Kugel (abgesehen
vom Luftwiderstand) so viel Zeit zum Steigen als zum Fallen
braucht, und jeden Punkt, den sie im Steigen berührt, auch
im Fallen mit gleicher Geschwindigkeit durchfliegt. Sie steigt
also nach der umgekehrten Fallregel, und die Höhe, die sie er=
reicht, richtet sich nach der Größe der Anfangsgeschwindigkeit.

Senkt man nun c gegen a, so zeigen die Pendel an, daß
die Schwerkraft im spitzen Winkel mit der Triebkraft und nicht
wie vorhin gegen dieselbe wirkt, sich also beide Kräfte unter=
stützen müssen. Die Kugel würde z. B. bei 45 Grad in 1, 2,
3 ... 8 Viertelsecunden nach e^a, f^2, g^2 ... m^a gelangen.
Schießt man senkrecht nach unten, so fallen wieder die Pendel
in eine Linie, und zwar wird die ganze Fallkraft zur Trieb=
kraft hinzukommen. Es entsteht also die bekannte Fallregel,
nur beginnt sie im Punkt b nicht mit Null, sondern mit der
Geschwindigkeit der Triebkraft.

Um Letzteres nachzuweisen, müssen wir zu Zahlen greifen.

Nehmen wir den Fall der ersten Secunde, b I., gleich einer Ruthe an, so sind nach der Zeichnung die Räume von b bis 1, von 1 bis 2, von 2 bis 3 u. s. w., jeder gleich 8 Ruthen. Da jeder dieser Räume in einer Secunde durchflogen wird, so ist die Größe der Triebkraft 8 Ruthen auf die Secunde. — Mit dieser Geschwindigkeit beginnt also die Fallregel bei b.

Rechnen wir jetzt: Die Anfangsgeschwindigkeit bei b ist 8 Ruthen. Ohne die hinzutretende Fallkraft würde sich die Kugel also in der ersten Secunde bis 1, b. i. 8 Ruthen bewegen. Da die Fallkraft aber während dieser Secunde mitwirkt und die Kugel allein um 1 Ruthe bewegen würde, so macht die Kugel in der ersten Secunde 9 Ruthen und kommt nach Verlauf derselben im Punkte e^3, wo der erste Secundenpendel liegt, an. Die Anfangsgeschwindigkeit bei b war 8, die Durchschnittsgeschwindigkeit während der ersten Secunde 9 Ruthen, die Endgeschwindigkeit in o^3 muß daher 10 sein. 10 ist aber auch die Anfangsgeschwindigkeit der zweiten Secunde; die Kugel würde also ohne Zurechnung der Fallkraft in der zweiten Secunde 10, mit Zurechnung derselben 11 Ruthen machen. Sie würde also in der ersten und zweiten Secunde 20 Ruthen zurückgelegt haben und in dem Punkte f^3 angekommen sein, wo der zweite Pendel hängt. In der zweiten Secunde war die Anfangsgeschwindigkeit 10, die Durchschnittsgeschwindigkeit 11, also ist die Endgeschwindigkeit = 12. Dies ist für die dritte Secunde die Anfangsgeschwindigkeit und die Bewegung ohne die Fallkraft. Mit Hinzurechnung der Letztern erhalten wir daher die Durchschnittsbewegung der dritten Secunde 13. — 9, 11 und 13 macht 33 Ruthen. Die Kugel würde also nach der dritten Secunde an dem Pendel g^3 ankommen. In dieser Weise fortfahrend, entwickeln wir die Bewegung einer senkrecht abwärts geschossenen Kugel nach der Fallregel weiter und überzeugen uns von der Uebereinstimmung mit den Pendeln.

Die in Figur 4 betrachtete Flugbahn, wobei der Luftwiderstand unberücksichtigt geblieben, nennt man parabolisch. Man sieht leicht ein, daß es kein Geschoß giebt, welches diese Bahn wirklich beschreibt. Dahingegen kommen diejenigen Geschosse der Bahn am nächsten, welche von sehr bedeutendem Gewicht sind, und verhältnißmäßig langsam geschossen oder geworfen werden, weil bei einem langsam fliegenden Körper der Widerstand der Luft geringer ist, und weil ein schwerer Körper denselben am leichtesten besiegt; aus beiden Gründen also seine Bewegung am dauerndsten und gleichmäßigsten sein wird. Dies ist z. B. bei schweren Bomben der Fall.

Bei den Handfeuerwaffen stellt sich die Sache jedoch noch anders. Die Ziele, die man treffen will, will man nicht von oben, sondern von vorn treffen, man sucht deshalb, und weil dabei das Vorschätzen der Distance nicht so nachtheilig ist, einen möglichst flachen, bestreichenden, rasanten Schuß zu erhalten. Diesen kann man aber nur erhalten, wenn man die Kugel möglichst schnell durch die Luft bewegt, denn der Fall derselben, und somit der Bogen der Flugbahn, richtet sich, wie wir gesehen haben, nach der Zeitdauer des Fluges. Eine schwere Kugel, schnell bewegt, würde natürlich am vortheilhaftesten sein, weil sie ein größeres Beharrungsvermögen hat, doch hierzu würde die Waffe zu schwer werden. Man hat also nur die Wahl, einen schweren Körper langsam, oder einen leichten rasch durch die Luft zu bewegen. Viele andere Rücksichten wirken aber noch bei der Wahl des Geschosses für Handfeuerwaffen mit, z. B., daß eine schwere Munition kostspielig ist, daß man des größeren Gewichts wegen nicht so viel bei sich führen kann u. s. w. Man fragt sich daher, wie schwer das Geschoß sein muß, um Ziele (Schußobjecte), wie sie für die Handfeuerwaffen, speciell der Infanterie, geboten werden, zu zerstören. Hier zeigt die Erfahrung, daß ein Geschoß von 1 bis 2 Loth dies vollkommen leistet. Solchen leichten Geschossen können wir aber auch durch ein nicht zu schweres Infanteriegewehr eine bedeutende Anfangsgeschwindigkeit geben.

Wieder aber tritt der Fall ein, daß, wie vorher gesagt,

der Luftwiderstand in überwiegend stärkerem Verhältniß mit der Geschwindigkeit des Geschosses und mit dem Durchmesser desselben wächst. Das Erstere können wir nicht ändern, dahingegen können wir den Luftdruck vermindern, wenn wir den Durchmesser des Geschosses kleiner machen und, um dasselbe (des größeren Beharrungsvermögens halber) bei seinem Gewicht zu lassen, ihm eine längliche Form geben.

Was nun die Spitze des Geschosses betrifft, so hängt von der Form derselben noch viel ab, denn es ist leicht ersichtlich, daß ein zugespitztes Geschoß die Lufttheilchen mehr zur Seite schafft, während ein stumpfes sie mehr vor sich her treibt, also zusammenballt, und dadurch den Widerstand schwerer überwindet. So entstand dann aus den oben angeführten Gründen die Gestalt länglicher Geschosse, wie wir ein solches in dem Langblei besitzen.

Wollen wir nun die wirkliche Flugbahn ausmitteln, so können wir, mit Bezug darauf, daß wir es meistentheils nur mit dem Horizontalschuß und mit einer Flugdauer von ungefähr 2 Secunden zu thun haben, ohne für uns bemerkliche Fehler zu machen, von dem Luftdruck absehen, der sich der fallenden Kugel entgegenstellt, denn die specifisch sehr schwere Kugel überwindet bei der sehr geringen Geschwindigkeit, welche sie beim Fall in der ersten und zweiten Secunde nur hat, den Widerstand der Luft sehr leicht. Später wird bei der Erscheinung der Derivation dieser Luftdruck allerdings wieder in Rechnung gezogen, weil er dort durch eine sich ihm zugesellende Kraft Wichtigkeit gewinnt.

Was hingegen die Vorwärtsbewegung der Kugel betrifft, so würde man einen großen Fehler machen, wenn man dabei den Widerstand der Luft nicht, wie bei der parabolischen Theorie, Fig. 4., berücksichtigen wollte, denn hier gerade findet das Geschoß in den ersten Secunden den größten Widerstand, weil es sich da am schnellsten bewegt.

Man würde also zur Construction der wirklichen Flugbahn Fig. 4. ganz beibehalten können und müßte nur die Länge der Räume von b nach 1, 2, 3 ... 8 u. s. w. ermitteln, und nach demselben Maßstab eintragen, den man für die Fallregel gewählt hat.

Wie sich die Räume b1, b2, b3 ... b8 verhalten, hängt von der Anfangsgeschwindigkeit und der fortdauernden Wirkung des Luftdrucks ab. Die Räume werden sich immer verkürzen, dabei verkürzen sie sich aber nicht gleichmäßig, denn in den ersten Zeittheilchen ist der Luftwiderstand stärker, als in den letzten, weil die Kugel, wo sie geschwinder fliegt, auch mehr Widerstand findet. Durch Rechnung die Punkte 1, 2, 3 ... 8 in Fig. 5 zu finden, ist sehr schwierig und giebt kein so richtiges Resultat, als wenn man sie direct durch den Versuch zu ermitteln sucht.

Die einfachste Art, um die Größe der Räume zu erfahren, welche die Kugel im lufterfüllten Raum in gleichen auf einanderfolgenden Zeiten, z. B. in $\frac{1}{4}$ Secunden, zurücklegt, ist folgende: Man vergleicht sein Gewehr, b. h. man macht Korn und Visir gleich hoch über der Seelenachse, oder, wenn man dies nicht will, so sorgt man dafür, daß das Gewehr mit Standvisir genau auf den Strich schießt, und schießt dann damit, nicht wie gewöhnlich mit wagerecht gehaltener Visirfläche, sondern man verkantet das Visir um einen ganzen rechten Winkel, so daß die Visirfläche lothrecht steht. Dadurch wird das Gewehr, abgesehen von der Seitenabweichung, verglichen, denn die Visirlinie steigt und fällt nicht gegen die Seelenachse, sondern liegt mit ihr in derselben Horizontalebene.

Schießt man in dieser Weise in wagerechter Richtung auf die Scheibe, so wird die Kugel immer tiefer, als der Zielpunkt liegt, einschlagen, und zwar so viel tiefer, als sie in der Zeit, die sie bis zur Scheibe gebraucht hat, gefallen ist.

Die Seitenabweichung, die man bei dieser Art zu schießen bemerkt, geht nach der Seite, wohin man verkantet hat und die

Größe dieser Abweichung zeigt nur an, wie weit überhaupt auf die Distance, auf welcher man gerade schießt, die Visirlinie und die Seelenachse auseinander laufen. Für unsern speciellen Zweck lassen wir sie unberücksichtigt.

Sucht man also durch Versuche die Entfernung von der Scheibe auf, wo die Kugel gerade $11\frac{1}{4}$ Zoll tiefer schlägt, als man gezielt hat, so weiß man, da $11\frac{1}{4}$ Zoll der Fall der ersten Viertel-Secunde ist, daß dieselbe auch von der Mündung bis zur Scheibe eine Viertel-Secunde geflogen ist, und hat somit die Länge b 1 ermittelt. Geht man jetzt weiter von der Scheibe ab und sucht die Entfernung, wo die Kugel $3\frac{1}{4}$ Fuß tiefer einschlägt, so weiß man, daß sie bis zur Scheibe $\frac{1}{2}$ Secunde gebraucht hat und hat die Länge b 2. So fährt man fort, so weit man will und ermittelt b 3, b 4 .... b 8 u. s. w. dadurch, daß man weiß: Die Kugel fällt in $\frac{1}{2}$ Secunden 8 Fuß $5\frac{1}{4}$ Zoll, in einer Secunde 15 Fuß, in $1\frac{1}{4}$ Secunde 23 Fuß $5\frac{1}{4}$ Zoll, in $1\frac{1}{2}$ Secunde 33 Fuß 9 Zoll, in $1\frac{3}{4}$ Secunden 45 Fuß $11\frac{1}{4}$ Zoll, in 2 Secunden 60 Fuß.

Hängt man nun diese Pendel an die ermittelten Punkte der Linie b c, so zeigen die Kugeln derselben die richtige Flugbahn nicht allein beim Horizontalschießen, sondern auch, wenn man b c erhöht oder senkt.

Auf die Nutzanwendung einer solchen mit Pendeln versehenen Zeichnung wird später zurückgegangen werden.

In allen bisherigen Betrachtungen ist angenommen worden, daß das Geschoß durch andere Umstände, als die in Rechnung gezogenen, nicht aus seiner Bahn geworfen, sondern der Richtung des Rohres genau gefolgt ist.

Es giebt jedoch noch eine Menge anderer Umstände, welche das Geschoß aus der eigentlichen Bahn ablenken. — Diese Umstände wollen wir näher betrachten und sehen, wie und wodurch man den daraus hervorgehenden Uebelständen abhilft.

Gehen wir direct auf das Feuergewehr über und fangen bei der Wirkung des Pulvers an.

Das Pulver ist eine Mischung von Schwefel, Salpeter und Kohle, die leicht entzündet und verbrannt werden kann, und durch die Verbrennung sich plötzlich in einen gas- oder luftförmigen Körper verwandelt, welcher viel mehr Raum einzunehmen strebt, als das Pulver inne hatte. Schließt man also das Pulver in einen kleinen Raum ein, in welchem es sich als solches ganz gleichgültig (indifferent) gegen seinen Verschluß verhält, verwandelt es dann durch die Verbrennung in Gas, so wird dieses plötzlich durch das Bestreben, sich auszudehnen, auf die Wände des Verschlusses einen bedeutenden Druck ausüben, und zwar nach allen Richtungen gleichmäßig. Wie stark dieser Druck ist, hängt von der unmittelbaren (absoluten) Stärke des Pulvers ab, d. h. davon, wieviel mehr Raum dasselbe in Gasform einnimmt, als in Pulverform. Schließen wir etwas Pulver in eine feste Eisenröhre ein, indem wir zu beiden Seiten eine Kugel setzen und entzünden dasselbe, so werden die dadurch entstehenden Gasarten einen 2 bis 300fachen Raum einzunehmen streben und ebenso stark auf die Wände des Verschlusses drücken, als hätte man in diesen Raum 2 bis 300mal so viel Luft gewaltsam hineingepumpt (comprimirt), als unter gewöhnlichen Verhältnissen darin Platz findet.

Geben die Kugeln wie das Rohr diesem Druck nicht nach, so wird man äußerlich keine Erscheinung wahrnehmen. Geben hingegen die Kugeln dem Druck gleichmäßig nach, so werden sie durch die Kraft der gespannten Gase in entgegengesetzten Richtungen fortgeschleudert, und zwar, da sich die Kraft auf beiden Seiten gleichmäßig vertheilt, jede mit der Hälfte der in der Spannung der Gase enthaltenen Kraft. Weicht die eine Kugel nicht, oder ist das Rohr an dieser Seite verschlossen, so wird die Kraft sich auf die bewegliche Kugel einerseits, und auf den Rohrverschluß und das direct damit zusammenhängende Rohr andererseits äußern, und das Rohr mit derselben Kraft zurück, als die Kugel vorwerfen. Wir nennen das Zurückwerfen des Rohres den Rückstoß.

Warum man aber den Rückstoß nicht eben so stark empfindet, als Jemand, der die Kugel bekommt, liegt darin, daß das Gewehr ungefähr 300mal schwerer ist als die Kugel und deshalb durch eine gleiche Kraft, wie wir wissen, um 300mal langsamer bewegt wird. Außerdem fügen wir dem Gewicht des Gewehres auch noch einen Theil unseres Körpergewichts hinzu indem wir dasselbe fest einsetzen. Thut man letzteres nicht, so empfindet man auch den Schlag in der Schulter. Je stärker man die Ladung macht, oder je schwerer die Kugel wird, desto stärker muß also auch der Rückstoß werden, da er bloß aus der Größe der Ladung und aus dem Gewichtsverhältniß zwischen Kugel und Gewehr hervorgeht.

Da es uns aber nicht blos darauf ankommt, eine Kugel mit einer gewissen Kraft fortzuschleudern, sondern auch in einer ganz bestimmten Richtung, so müssen wir nicht allein ihre Bewegung im Rohr, sondern auch ihr ferneres Verhalten in der Luft betrachten.

Die ersten Gewehre hatten, abgesehen von der Vorrichtung zur Entzündung, glatte Rohre, und wurde daraus die Rundkugel geschossen. Um die Rundkugel ins Rohr bringen zu können, mußte sie etwas kleiner sein als die Seele, d. h. Spielraum haben. Dieser Spielraum mußte noch vergrößert werden, weil das Pulver beim Verbrennen Schleim, Rückstand, hinterläßt, der das Laden erschwert.

Fig. 5. Der Spielraum gestattet aber beim Schuß, daß ein Theil der Gase neben der Kugel entweicht, und dieselbe in entgegengesetzter Richtung gegen die innere Wand des Rohres drückt. Von hier prallt die Kugel nach der anderen Wandseite ab u. s. f., bis sie mit dem letzten nicht vorher zu berechnenden Anschlag von der Richtung der Seelenachse abweichend, das Rohr verläßt.

Ein anderer Fehler ist, daß die Kugel mit dem letzten Anschlag im Rohr an ihrer Anschlagstelle etwas aufgehalten wird und dadurch, wie Figur 5 zeigt, eine Drehung in der Richtung des Schusses, also nach vorn erhält.

Wenn aber eine Kugel während ihrer Bewegung gegen die Luft noch eine solche Bewegung um sich selbst macht, wie Fig. 6 zeigt, so bewegt sich doch die obere vordere Hälfte der Kugel so viel stärker gegen die Luft, als die untere vordere Hälfte sich derselben entzieht. In Folge dessen ist der Luftdruck gegen die obere Hälfte stärker, als gegen die untere, und die Kugel kann bei einer solchen Drehung (Rotation) nicht in ihrer Richtung bleiben, sondern muß, dem stärkeren Druck nachgebend, nach unten ausweichen. Aber auch ohne den Anschlag im Rohr kann die Kugel eine schädliche Umdrehung erhalten, wenn nämlich der Mittelpunkt derselben mit dem Schwerpunkt nicht zusammenfällt. Es sei Fig. 7 eine Kugel, deren Mittelpunkt in m und deren Schwerpunkt in s liegt. Die Pulvergase drücken gleichmäßig von A aus auf die Kugel; da nun aber die untere Hälfte derselben schwerer ist, als die obere, so wird sie sich durch die gleiche Kraft langsamer fortbewegen als diese, mithin wird die obere Hälfte der unteren voran eilen. Dadurch entsteht eine Drehung in der Richtung des Pfeils um den Schwerpunkt, die sich in der Luft fortsetzt.

Die Kugel würde also in ihrer oberen Hälfte in der Luft mehr Widerstand finden, als in ihrer unteren, mithin nach unten ausweichen. Das Umgekehrte entsteht, wenn s oben, m unten liegt; die Kugel würde dann nach oben ausweichen. Liegt, von hinten gesehen, s links, m rechts, so würde sie links, liegt m links, s rechts, so würde sie rechts, also stets nach der Seite hin, wo der Schwerpunkt liegt, ausweichen.

Die Artillerie weiß diesen Umstand zum Vortheil auszubeuten. Man gießt die Granaten absichtlich so, daß Mittel- und Schwerpunkt nicht zusammen fallen (excentrisch) und erlangt durch das Laden des Schwerpunktes nach oben, unter sonst gleichen Bedingungen, eine bedeutend geradere Flugbahn, also einen rasanteren Schuß.

Die oben angeführten Erscheinungen sind die Ursache des unrichtigen Schießens bei dem glatten Infanteriegewehr.

Mitunter heben sich diese Abweichungen gegenseitig mehr oder weniger auf, mitunter aber vergrößern sie sich auch, wodurch die Unsicherheit des Treffens sich noch vermehrt. Diese Fehler der glatten Gewehre zu vermeiden hat man zuerst gerade, später gewundene Züge eingeschnitten. Durch gerade Züge und durch das Einsetzen der Kugel mit Pflaster gewinnt man zwei Vortheile; man reinigt das Rohr nach jedem Schuß und schafft den Spielraum fort. Es vermindern sich deshalb auch die Fehler im Schuß, denn die Kugel kommt wenigstens wieder so aus dem Rohr, wie sie hinein gebracht ist. Behielte sie auch ihre Lage in der Luft bei, so wäre die Aufgabe schon dadurch gelöst, denn dann würde der Luftdruck sich gleichmäßig auf die vordere Fläche vertheilen und keine Ursache zum Ausweichen da sein. So aber ist dadurch noch immer nicht die Lage des Schwerpunktes bestimmt. Liegt derselbe genau vorn, so geht die Kugel pfeilartig richtig, liegt er jedoch seitwärts oder hinten, so sucht er sich während des Fluges der Kugel von selbst nach vorn zu bringen, wodurch Unregelmäßigkeiten in der Bewegung durch die Luft entstehen. — Daß der Schwerpunkt, wenn er nicht in der Mitte des Geschosses liegt, das Bestreben hat, sich nach vorn vorzudrängen, liegt daran, daß der schwerere Theil des Geschosses, in dem der Schwerpunkt liegt, ein größeres Beharrungsvermögen hat, und deshalb seine Geschwindigkeit länger beibehält, als der leichtere Theil.

Will man alle oben genannten Unregelmäßigkeiten vermeiden, so muß man ein Mittel anwenden, wodurch das Geschoß gezwungen wird, denselben Theil vorn zu behalten, denn nur dann vertheilt sich der Luftdruck auf der vordern Fläche desselben gleichmäßig.

Dies Mittel aber findet sich in den gewundenen Zügen, indem dadurch dem Geschoß im Rohr gleichzeitig mit der Vorwärtsbewegung eine Drehung um die Seelenachse gegeben wird.

Wie diese Drehung es verhindert, daß sich der Schwerpunkt nicht auch während des Fluges nach vorn begiebt (das Geschoß umschlägt), wollen wir uns praktisch anschaulich machen.

Nehmen wir eine Bleiplatte von 3 bis 4 Zoll Durchmesser und hängen sie mit einem Faden an ihrem Schwerpunkt auf, so wird dieselbe wagerecht hängen, wie Figur 8 von der Seite gesehen zeigt; hängen wir die Platte hingegen nicht in ihren Schwerpunkt, sondern seitwärts desselben auf, so wird sie sich wie Figur 9 legen. Die Seite, worin der Schwerpunkt s liegt, wird herabfallen und s sich senkrecht unter den Stützpunkt n legen.

Hält man aber mit der Hand die Platte Fig. 9 horizontal und giebt ihr eine scharfe Umdrehung, so wird sie, so lange die Drehung stark genug ist, wie in Fig. 10 schweben; s legt sich senkrecht unter a, die Platte bleibt in horizontaler Lage und der Punkt n geht mit sammt dem Faden um s im Kreise herum.

Warum fällt der Punkt s nicht, wie in Fig. 9?

Weil er keine Zeit dazu hat. In dem Moment, wo z. B. der Unterstützungspunkt n links von s ist, möchte s gern fallen, versucht es auch; da aber der Fall eines Körpers sehr langsam beginnt, so ist indessen der Unterstützungspunkt n rechts angekommen und unterstützt die Platte an der Seite, wo sie fallen wollte. So wechselt der Unterstützungspunkt mit großer Schnelligkeit rund herum und dadurch wird die Platte in wagerechter Richtung gehalten. Ist die Drehung nicht mehr schnell genug, so kommt natürlich der Punkt n nicht mehr rechtzeitig zur Unterstützung und die Platte wird zuletzt die Stellung in Fig. 9 einnehmen.

Aus demselben Grunde fällt ein drehender Kreisel nicht um, sondern tanzt so lange, bis ihm die Schwungkraft ausgegangen ist.

Ebenso ist es aber mit einem Geschosse, das aus einem gewunden gezogenen Rohr geschossen wird. Der Schwerpunkt möchte, wenn er hinten liegt, gern nach vorn, er kann aber nicht, weil er durch die starke Umdrehung seine Stellung wie in Fig. 10 in der Achse findet, um die sich das Geschoß dreht, und sich ihm während der Drehung keine Seite darbietet, wo er vorbei kann, er mithin sein Bestreben nach vorn auf die leichteren vor ihm liegenden Theile des Geschosses überträgt und diese vor sich her schiebt.

Somit erreicht man den Zweck, daß die Spitze des Geschosses vorn bleibt, fortan also einem gleichmäßigen Luftdruck ausgesetzt ist und das Geschoß keine Ursache findet, durch ungleichen Luftwiderstand von vorn, aus seiner durch das Rohr angewiesenen Richtung abzuweichen.

Es geht aus dem Gesagten hervor, daß, je stärker die Rotation ist, desto sicherer die Kugel auch ihre Achslage beibehält, und daß, wenn die Drehung unter ein gewisses Maaß sinkt, Schwankungen eintreten, und das Geschoß zuletzt überschlägt.

Es ist jedoch eine irrige Ansicht, wenn man die Stärke der Rotation mit dem durchflogenen Raum vergleicht, da sie sich nicht auf den Raum, sondern auf die Zeit bezieht. Sagt man z. B.: das Geschoß macht auf 100 Schritt 50 Umdrehungen, so ist das sehr wenig, wenn dasselbe die 100 Schritt in einer Secunde durchfliegt, dagegen sehr viel, wenn die 100 Schritt in $\frac{1}{4}$ oder $\frac{1}{8}$ Secunde durchflogen werden. Um eine rasche Umdrehung zu erzeugen, bedarf es deshalb keines sehr starken Dralls, sondern man kann dieselbe auch durch eine große Geschwindigkeit, die man der Kugel in der Vorwärtsbewegung giebt, bei einem schwachen Drall bewirken und thut daran besser, indem man dabei eine rasantere Flugbahn erhält und nicht so viel Schwierigkeiten hat, die Kugel in den Zügen zu halten. Obgleich durch das bisher Gesagte der Flug der Kugel als vollständig regulirt erscheint, so giebt es doch noch Abweichungen, die ihre Ursache nicht in einem Versehen des Schützen oder in äußeren Zufällen, sondern in der Construktion des Gewehres und Geschosses haben. Zu ersteren gehört die Bajonetabweichung, zu letzteren die Derivation.

Die Bajonetabweichung zeigt sich hauptsächlich bei Gewehren mit verhältnißmäßig geringer Eisenstärke an der Mündung und besteht die Erscheinung darin, daß, wenn das Gewehr ohne Bajonet richtig auf den Strich eingeschossen worden ist, es mit aufgestecktem Bajonet nicht mehr im Strich schießt, sondern nach der Seite abweicht. Seitens des Verfassers angestellte Versuche zur Ermittelung der Ursache der Abweichung ergaben Folgendes: Je dünner das Eisen an der Mündung war und je schwerer man das Bajonet machte, ferner, je schwerer die Ladung wurde, desto stärker wurde die Abweichung und desto sichtbarer war beim Schuß eine zitternde Bewegung (Vibration) des Bajonets. Schlotterte die Bajonethülse stark auf den Lauf, so war die Abweichung nicht bedeutend, sie war gar nicht vorhanden, wenn man das Bajonet im Hals abschnitt und nur Tülle und Hals aufsteckte. Bog man das Bajonet im rechten Winkel sensenartig um, oder steckte es verkehrt auf, daß die Klinge am Lauf entlang lag, so war die Abweichung eben so stark als bei normal aufgestecktem Bajonet. Schoß man ohne Bajonet dicht an einem Brett entlang so hatte man keine Abweichung.

Faßt man die Resultate der oben genannten Versuche zusammen, so scheint es unzweifelhaft, daß die Erscheinung der Bajonetabweichung ihren Grund nicht, wie von Vielen behauptet wird, im Druck der Luft, sondern in der Vibration des Gewehres hat, welche sich dem Bajonet mittheilt. Diese Vibration wird durch das einseitig angebrachte Bajonet ungleichmäßig und so entsteht eine augenblickliche geringe Biegung oder Ablenkung des Laufes an der Mündung. Bei den Zündnadelgewehren ist die Erscheinung nicht sichtbar, hingegen tritt sie beim Miniégewehr nach links hervor, corrigirt sich aber auf 300 bis 400 Schritt durch die Rechtsabweichung der Derivation.

Die Derivation.

Die Derivation ist eine Seitenabweichung, die man sowohl bei gezogenen Gewehren, wie bei gezogenen Geschützen bemerkt. Die Richtung der Abweichung wird durch die Richtung der Züge bedingt. Ist das Gewehr rechts gezogen, d. h. gehen die Züge, von hinten aus gesehen, von links über oben nach rechts, so ist auch die Derivation rechts, ist dasselbe links gezogen, d. h. laufen die Züge von rechts über oben nach links, so ist auch die Derivation links.

Die Abweichung ist keine geradlinige, sondern sie nimmt auf die weiteren Distancen stärker zu, ähnlich wie die durch den Fall erzeugte Abweichung von der geraden Linie. Geschosse, die vorn sehr zugespitzt sind, deriviren stärker, als solche, deren Spitze stumpfer ist. Ebenso erscheint die Derivation für dieselbe Entfernung stärker, wenn die Geschwindigkeit des Geschosses gering, schwächer, wenn sie groß ist; stärker, wenn die Umdrehung der Kugel sehr schnell, schwächer, wenn sie langsamer ist.

Stellt man alle diese Beobachtungen zusammen, so läßt sich voraussetzen, daß die Derivation ihre Ursache, erstens in der Form der Spitze des Geschosses, zweitens in der Rotation und drittens in dem Fall des Geschosses und dem damit verbundenen Druck der Luft von unten findet.

Was die Stärke der durch die Derivation erzeugten Seitenabweichung betrifft, so läßt sich dieselbe genau nur durch viele Schießversuche finden. Sie beträgt bei dem Zündnadelgewehr mit Langblei ungefähr auf 3, 4, 5, 6 hundert Schritt 4, 9, 18, 31 Zoll rechts, mit demselben Gewehr, mit alter Munition aber beinahe doppelt so viel.

Das bisher Gesagte wird im Bereich unseres Zweckes genügen, um sich diejenigen Erscheinungen beim Schießen zu erklären, die nicht von äußern Umständen, oder von Fabrikationsfehlern an Gewehren und Munition herrühren. Gehen wir deshalb jetzt zu der Frage über, wie man den gemeinen Mann am besten zu einem guten selbstbewußten Schützen ausbildet und welcher Hülfsmittel man sich bedienen kann.

Von der Instruktion des zum Schützen auszubildenden Mannes und den dabei anzuwendenden Hülfsmitteln.

Die große Mehrzahl unseres Ersatzes besteht aus Leuten, denen die Handhabung eines Gewehres, besonders eines gezogenen, ganz fremd ist, die jedoch meistentheils mit gesunden Sinnen, hauptsächlich mit gutem Gesichtssinn begabt sind. Ist bei diesen das Begriffsvermögen nicht zu schwach und die natürliche Aengstlichkeit nicht zu groß, so sind alle Anlagen da, um einen guten selbstbewußten Schützen auszubilden und man wird diesen Zweck auch erreichen, wenn man die Ausbildung nach richtigen Principien leitet; thut man das nicht, so wird selbst das gute Material sich nicht vollkommen ausbeuten lassen.

Die Belehrung in dem freien Gebrauch der Glieder, in dem Sichbewußtwerden seiner Muskeln, Gelenke u. s. w. gehört in die erste Detailausbildung der Rekruten, muß aber ebensowohl als eine Vorbildung für den Schützen angesehen werden. Die Präcision des Exerzierens genügt nicht allein; der Mann muß durch Turn-, Lauf-, Springübungen u. s. w. daran gewöhnt werden, seine Glieder auch zu ungewöhnlichen Dingen zu verwenden. Ebenso wichtig ist es aber, daß seine oft geringen geistigen Mittel geübt werden, daß er aus der Schwerfälligkeit des Denkens gerissen und durch die Gewohnheit zu schnellem und richtigem Entschluß geführt wird. Unbeschadet der Präcision muß man bei allen militairischen Uebungen Perioden eintreten lassen, in denen es nur darauf ankommt, daß bei den verschiedenartigsten und unerwartetsten Kommando's die tactische Ordnung nicht verloren gehe. Hierzu gehören alle Raillir-übungen. Die zweckmäßigste Uebung der Art ist, daß man absichtlich den ganzen Truppenkörper in die größte Unordnung bringt, die Leute möglichst durch einander wirft, dann unter Angabe irgend einer Formation im Marsch raillirt und Bewegung auf Bewegung folgen läßt. Dadurch wird der Mann gezwungen, geistig lebendig zu bleiben, seine Lage (Situation) stets im Auge zu haben und sich schnell zu entschließen.

Auch bei den Rekruten giebt es tausend Mittel für den Instructeur, die geistige Regsamkeit zu erwecken und zu erhalten, nur muß auf die Begriffsfähigkeit der Leute geachtet werden und die Instruktion nicht blos in einem sinnlosen Frage- und Antwortspiel bestehen.

Sind dem jungen Soldaten die ersten Anfangsgründe mit dem Gewehr beigebracht, so muß man auch schon mit Anschlagsübungen beginnen, dieselben jedoch nicht fortgesetzt längere Zeit hintereinander üben.

Einem guten Schützen würde man keine Wohlthat erweisen, wenn man an seinem gewohnten Anschlag ändern wollte, dem Rekruten hingegen muß man eine freie ungezwungene Stellung beibringen, und dieserhalb so oft üben, bis sie ihm zur Gewohnheit und bequem geworden. Bei diesen Uebungen muß möglichst der Tornister umgehangen sein, damit sich die Leute gewöhnen, trotz des höchst hinderlichen steifen Tragriemens, das Gewehr regelrecht und stets gleich einzusetzen. Bei Leuten, deren linkes Auge stärker ist, übe man besonders den Anschlag links. Was diesen Punkt betrifft, so entscheidet es sich häufig erst auf dem Schießstande, häufig gar nicht, und es kommt vor, daß ein Mann, dessen linkes Auge vortrefflich, dessen rechtes aber ganz schlecht ist, seine ganze Uebung mit dem schlechten Auge gemacht hat und mit demselben Auge bis zur Ermattung im Zielen geübt worden ist, weil es dem Instrukteur gar nicht eingefallen ist, die Augen vorher zu prüfen.

Was den Anschlag selbst betrifft, so giebt es über denselben keine bessere Instruktion, als die preußische, nur muß man nicht seine besonderen Liebhabereien hineinbringen. Die Hauptsache ist dabei, daß der Körper weder vor- noch rückwärts geneigt ist, sondern auf der Mitte der Fußsohlen ruht, ferner, daß die Knie ohne Muskelanspannung durchgedrückt werden, so daß sich Knochen auf Knochen stützt. Ebenso darf die Wirbelsäule keine gewaltsame Spannung erleiden; die Hände müssen das Gewehr von beiden Seiten, von unten aus fest umfassen, so daß man, wenn man beim Einsetzen in die Schulter die Ellbogen beide etwas nach oben dreht, das Gefühl hat, als wollte man das Gewehr auseinanderdrehen. Das Einsetzen in die Schulter muß so fest sein, daß man allenfalls die linke Hand loslassen kann. Das Gewehr muß nach dem frei und senkrecht stehenden Kopf gebracht und nicht der Kopf nach dem Kolben geneigt werden, weil das Auge im letzten Falle nicht gerade aus, sondern von unten nach oben oder von oben nach unten sieht, wodurch die Sehkraft geschwächt wird.

Gleichzeitig mit den Anschlagsübungen muß man dem Mann den Begriff von gestrichen Korn beibringen, wozu man sich am besten eines mit Diopter versehenen Gewehres bedient. Weiß der Mann erst, was gestrichen Korn ist, so ist es eine sehr gute Uebung, wenn man denselben anschlagen und das Korn suchen läßt; dann läßt man ihn das Auge schließen, sich mit Beibehaltung der Backenlage hin und her bewegen und das Auge wieder öffnen, um zu sehen, ob er noch Korn und Visir in derselben Lage behalten hat.

Alsdann muß der Mann mit geschlossenen Augen anschlagen, seine Lage suchen und nachher die Augen öffnen, um zu sehen, ob er durch das Gefühl am Kolben die richtige Lage gefunden hat. Dieses Finden des Anschlags durch das gewohnte Gefühl ist eines der wesentlichsten Dinge und kann nicht genug empfohlen werden, nicht allein, daß der Mann schneller schußbereit ist, sondern hauptsächlich, weil dadurch das Auge conservirt wird. Wer, wenn er einmal Korn und Visir gefunden, seiner Lage nicht sicher ist und beim Zielen auf die Scheibe das Korn mit der Scheibe vergleichen will, verliert hierbei dasselbe wieder aus dem Visir und so wandert sein Auge immer vom Visir zum Korn, zur Scheibe und zurück, da dasselbe nicht im Stande ist, drei so verschieden entfernte Punkte gleichzeitig mit gleicher Schärfe aufzufassen. Die Pupille des Auges aber zieht sich zusammen und dehnt sich aus, je nachdem man Visir, Korn oder Scheibe fixirt, und ist es natürlich, daß diese wechselnde Muskelspannung im Auge das sogenannte Verschwimmen der Gegenstände erzeugt. Man thut daher wohl, erst Visir und Korn zu fassen, dann die Lage festzuhalten und sich nur noch um Korn und Zielpunkt zu kümmern. Es giebt viel Mittel, sich davon zu überzeugen, ob der Mann einen richtigen Begriff von gestrichen, voll, fein oder geklemmtem Korn hat, sie taugen meist alle nicht viel; manche sind sogar höchst schädlich, wie die in neuerer Zeit in Gebrauch gekommene Schießbrille. Bei oberflächlicher Betrachtung scheint die Brille auf richtigen Principien zu beruhen; von der practischen Unbrauchbarkeit kann man sich aber sofort überzeugen, wenn man zwei gleich ausgezeichnete Schützen, den einen zielen und den anderen corrigiren läßt. Man findet ihre Meinung fast nie übereinstimmend, und wenn dies dann und wann wirklich stattfindet, so hat man es nur dem Zufall zu danken. Es ist dies auch natürlich, denn der Punkt des Spiegels, in welchem allein der Instrukteur dasselbe Bild von Visir und Korn sieht, als der Schütze, muß derselbe Punkt sein, in welchem der Schütze durch die Brille sieht, und eben dieser Punkt ist der einzige, der kein Spiegelbild wirft, weil er keine Folie hat. Nimmt also der Instrukteur wirklich ein Spiegelbild wahr, so kann er nur ein anderes Bild haben als der Zielende und corrigirt falsch.

Die einfachste Controlle ist immer noch die, daß man das Gewehr auf einen beliebigen Punkt der Scheibe einstellt, den Mann durchsehen und auf einer ähnlichen kleinen Scheibe, die man bei der Hand hat, mit dem Finger den Punkt bezeichnen läßt, auf den das Gewehr mit gestrichen Korn gerichtet war. Auch das Zielen nach dem Auge ist nur sehr unsicher, da weder der Instrukteur, noch der Zielende, Einer des Andern Pupille genau zu unterscheiden vermag, und da nur, wenn von Pupille auf Pupille gezielt wird, eine richtige Controlle möglich ist.

Gewöhnlich sind die Leute zu ungeschickt, um ein Gewehr auf dem Zielbock oder auf Sandsäcken in einen bestimmten Punkt der Scheibe genau einzustellen. Man muß daher möglichst den Mann aus dem Anschlag zuerst mit Anstreichen, dann freihändig zielen und zugleich abdrücken lassen. Das ist eine der besten Uebungen, denn erst dadurch lernt der Schütze das sogenannte Abkommen kennen, nämlich den Punkt auf der Scheibe beurtheilen, auf dem er gerade mit dem Korn war, als das Gewehr losging.

Die Controlle ist hierbei etwas schwierig. Die von Alvenslebensche Zielmaschine ist zu diesem Zweck und auf ganz richtige Principien gebaut, allein sie ist nicht gut zu befestigen, strengt das Auge des Instrukteurs zu sehr an und ist auch zu theuer.

Besser thut man, wenn man ein altes Exerzier- oder Bajonetir-Gewehr zum Zielgewehr einrichtet. Man setzt auf dasselbe ein Korn und Visir auf, durchstemmt darunter den Lauf von links nach rechts und schiebt eine $\frac{1}{4}$ Zoll breite, $\frac{1}{8}$ Zoll starke und etwa 4 bis 6 Zoll lange Stahlstange, sowohl unter dem Visir, als unter dem Korn durch. Auf diese Stahlstange setzt man 4 Zoll vom Lauf nach rechts ebenfalls ein Visir und Korn, sodaß dadurch, wie beim Alvenslebenschen Apparat, eine zweite Visirlinie entsteht. Diese kann man so einstellen, daß sie auf eine bestimmte Distance, auf die man zielen läßt (etwa 50 Schritt), mit der auf dem Lauf befindlichen Visirlinie zusammentrifft. Ferner läßt man aus alten Abfallstücken des Zündnadelgewehres den Abzug so einrichten, daß man in ähnlicher Weise, wie bei diesem, abzudrücken vermag und daß der Abdruck hörbar ist.

Mit diesem Zielgewehr ist die Controlle leicht, da der Instrukteur, hinter dem Schützen stehend, allenfalls sein Kinn auf dessen Schulter stützen und so den Bewegungen des Zielenden folgen kann. Er hört ferner, wenn der Mann abdrückt und kann ihn über sein Abkommen befragen und corrigiren.

Soll dies Zielen einen Nutzen haben, so darf man nicht die natürliche Scheibe auf 50 Schritt oder gar näher aufstellen, sondern man muß die Scheibe so verkleinern, wie es die Perspektive mit sich bringt. Setzt man also ein für allemal 50 Schritt als eine bequeme Distance zum Zielen fest, so würde die gewöhnliche Jägerscheibe von 6 Fuß Höhe und 4 Fuß Breite auf 300 Schritt durch ein verkleinertes Scheibenbild von 12 Zoll Höhe und 8 Zoll Breite; auf 200 Schritt durch ein solches von 18 Zoll Höhe und 12 Zoll Breite; auf 150 Schritt durch eine Scheibe von 2 Fuß Höhe und 16 Zoll Breite dargestellt werden müssen.

Gleichzeitig muß der Instrukteur ein kleines Scheibenbild bei der Hand haben, den Mann nach jedesmaligem Zielen und Abdrücken das Abkommen auf dieser Scheibe bezeichnen lassen und seinerseits die Correctur anschließen.

Was das Abdrücken selbst betrifft, so wird man wohl thun, den Mann dahin anzuweisen, daß er den Zeigefinger möglichst weit durchsteckt und nicht mit der Spitze, sondern mit dem zweiten Gliede desselben den Abzug faßt. Bei schwer stehenden Gewehren ist ein ruhiges Abdrücken kaum anders möglich und muß man dann nicht bloß mit dem Zeigefinger abdrücken, sondern dies dadurch bewerkstelligen, daß man die ganze Hand, die den Kolbenhals umfaßt hat, immer fester zusammendrückt, als wollte man einen Gegenstand darin zerdrücken.

Diese Art des Zielens kann man auch auf bewegliche und Figurscheiben aller Art ausdehnen. Je nachdem das Scheibenbild, auf das man zielen läßt, eine Scheibe auf eine gewisse

Diſtance vorſtellt, kann man auch das zu der Diſtance gehörige
Viſir und den betreffenden Haltpunkt nehmen laſſen (wenn die
Viſire des Zielgewehres mit Klappen verſehen ſind).

Eine durchaus gute Vorübung für das Salvenfeuer iſt es
auch, wenn man bei dieſem Zielen auf Kommando abdrücken
läßt, was bis jetzt faſt nie geſchieht.

Es ſoll im Allgemeinen nicht geſagt ſein, daß der Rekrut
erſt alle dieſe Arten des Zielens durchzumachen hat, ehe er
wirklich auf die Scheibe zu ſchießen beginnt. Jedenfalls wird
man aber beſſere Reſultate erreichen, wenn man vor dem jedes-
maligen Schießen eine entſprechende Ziel- und Abdrückübung
vornimmt.

Der Hauptzweck dieſer Uebung iſt, den Mann daran zu
gewöhnen, daß er ſein Abkommen auf der Scheibe beobachtet,
indem er während des Abdrückens ſeine Aufmerkſamkeit auf
das Zielobjekt beizubehalten lernt. — Kein Schütze iſt als gut
zu bezeichnen, der nicht unter allen Umſtänden mit einiger
Sicherheit ſagen kann, wo ſeine Kugel ſitzen muß, denn nur
dadurch iſt er im Stande, ſich auch unter Verhältniſſen zu corrigiren, wo ihm ſein Schuß nicht angezeigt wird.

Das Schießen mit Platzpatronen iſt ebenfalls eine ſehr
weſentliche Uebung, nicht allein als Vorübung, um den Rekruten die Feuerſcheu zu benehmen, ſondern auch, wo ſich die Gelegenheit findet, für den ſchon mehr ausgebildeten Soldaten.

Viele tauſend Platzpatronen werden bei Felddienſtübungen
und Manövern in die Luft geſchoſſen, ohne einen anderen
Zweck, als um ein hübſches Manöverbild zu machen, und viel
zu wenig wird darauf gehalten, daß ſchon bei den genannten
Uebungen von der Waffe nur der Gebrauch gemacht wird,
den man im Kriege vernünftiger Weiſe machen würde. Der
einzelne Mann muß bei allen dieſen Gelegenheiten ſtreng unter
Augen gehalten werden, er muß nicht anders ſchießen dürfen,
als wenn er die Diſtance taxirt, das entſprechende Viſir ge-
nommen, ruhig gezielt hat, und muß ſein Abkommen beobachten

Eine Salve darf nie abgegeben werden, wenn nicht die Umstände, unter denen es geschieht, auch auf Erfolg rechnen lassen. Die Kommando's hierzu müssen ohne Uebereilung gegeben werden, so daß der Mann auch im Stande ist, sein Ziel wenigstens allgemein zu nehmen. Wer auf ein ruhig abgegebenes Kommando vorschießt, muß regelmäßig getadelt oder bestraft werden, weil dadurch der ganze Effect der Salve verloren gehen kann. Niemand darf schießen, weil Andere geschossen haben, sondern nur, wenn er das Kommando mit eigenen Ohren gehört hat. Man darf deshalb auch keinen Mann tadeln, der seinen Schuß bei der Salve nicht abgiebt, weil er entweder kein Zielobjekt vor sich, oder weil er das Kommando nicht selbst gehört hatte.

Das schnelle Laden nicht allein im Stehen, sondern auch im Gehen, Liegen, Laufen u. s. w., das Feuern aus Deckungen heraus, im Knieen und im Liegen auf ebenen Boden, sind alles wichtige Gegenstände der Uebung mit Platzpatronen. Ebenso zweckmäßig erscheint es, wenn Abtheilungen gegen einander evolutioniren und auf einander Salven geben, wobei man es sich zur Aufgabe machen muß, aus jeder Evolution plötzlich, sei es nach dem dritten oder ersten Gliede, die Front herzustellen, um sofort eine wohlgezielte Salve abzugeben. Durch dergleichen Uebungen allein wird man im Stande sein, die Truppe zu einer steten und guten Feuerbereitschaft zu erziehen.

Das Schätzen von Distancen muß ebenso einen besondern Theil der Uebungen ausmachen, doch lassen sich gerade für diese Sache wenig Hülfsmittel oder Fingerzeige geben. Das Beste ist immer die Uebung selbst. Man muß jede Gelegenheit und in jedem Terrain wahrnehmen, um Distancen abschätzen zu lassen und durch Abschreiten die Schätzung corrigiren.

Will man einen oder den anderen Unteroffizier befähigen, die Distance mit etwas größerer Genauigkeit zu taxiren, so kann man ihm einen einfachen Distancenmesser von Blech geben, der von dem Verfasser stets mit gutem Erfolg gebraucht wird.

Figur 11 stellt einen solchen Distancemesser dar, der mittelst der daran angebrachten Hülse entweder in die Mündung oder auf das Ende des Bajonets gesteckt werden kann. Man schlägt das Gewehr an, möglichst mit Anstreichen, paßt den Infanteristen oder Cavalleristen in einen der Ausschnitte und liest die entsprechende Distance an der Stelle ab, in die das Objekt paßt. Die Zahlen stimmen sowohl für Infanterie (6 Fuß hoch angenommen), als auch für Kavallerie (8¼ Fuß hoch), nur muß man, wenn man auf Infanterie zielt, den Distancenmesser auf das Bajonet, wenn man auf Kavallerie zielt, ihn in die Mündung stecken. Der in Fig. 11 gezeichnete Distancenmesser ist für das Zündnadelgewehr berechnet. Jeder Büchsenmacher kann ein solches Instrument machen, und dasselbe läßt sich leicht in der Patronentasche unterbringen.

Das Messingblech muß dunkel gebeizt und die Zahlen müssen durchgeschlagen sein, damit man sie leicht lesen kann. Die äußere Kante links, a b, bezeichnet die Höhe für 200 Schritt, gleich 0,85 Zoll. Die Höhe für 300 Schritt ist 0,56; für 400, 0,475, für 500, 0,34; für 600, 0,283; für 700, 0,243; für 800 Schritt 0,212 Zoll.

Auf dem Scheibenstande selbst sieht man am Besten den Vortheil einer vorausgegangenen guten Instruktion. Nur zu häufig wird jedoch das Resultat dadurch zerstört, daß man den Soldaten mit so viel Zwang umgiebt und er über die Formen, denen er nachkommen soll, das Wesen vergißt. Die strengste Aufsicht muß auf dem Schießstande schon deshalb sein, um Unglück zu verhüten; man darf aber so wenig das Laden, wie das Schießen selbst, zu einer Exerzierübung machen und dabei auf Präcision der Griffe sehen. Man begnüge sich damit, wenn der Mann so schnell wie möglich und dabei gut sein Gewehr ladet, und mache es nicht zu einem Verbrechen, wenn er die Patronen statt mit Daumen und Zeigefinger mit Daumen und Mittelfinger anfaßt. Der Mann mag bequem an den Pfahl treten, seine Stellung suchen, sich ausrecken und anschlagen. Ist eine Correctur nöthig, so gebe man sie nachher in Form ruhiger Belehrung und störe den Schützen nicht im Schuß.

Hat er seinen Schuß abgegeben, so halte man ihm ein kleines Scheibenbild vor, lasse ihn mit dem Finger den Punkt bezeichnen, wo er abgekommen zu sein glaubt und den Finger so lange darauf halten, bis der Schuß an der Scheibe angezeigt ist. Man wird sich dadurch sehr bald überzeugen, ob der Schütze sich seines Abkommens bewußt ist, und findet Gelegenheit, die Ursache eines etwaigen Fehlers ausfindig zu machen, um die Belehrung eintreten zu lassen. Man table es nie, wenn ein Mann schlecht schießt, sobald er nur den Schuß gut anzeigt, ebenso wenig, als man es loben darf, wenn derselbe gut geschossen, aber unrichtig sein Abkommen angewiesen hat. Hat der Schütze geschossen und ist der Schuß angezeigt, so lasse man sich damit genügen, wenn er im Stande ist, dem Instrukteur seinen Schuß zur Verzeichnung zu nennen.

Diese Meldung aber in Form eines streng gebotenen Schemas zu bringen, hat den Nachtheil, daß der Mann vor, nach und während dem Schuß in Angst und Sorge ist, ob er wohl seinen Spruch richtig aufsagen wird, und dadurch Aufmerksamkeit und Interesse am Schießen selbst verliert.

Die durch Wind, einseitiges Licht, falsches Korn nehmen u. s. w. entstehenden Abweichungen müssen stets auf dem Scheibenstande in Rechnung gezogen und muß darauf aufmerksam gemacht werden.

Was die vorgeschriebenen Schießübungen und Bedingungen betrifft, so sind sie nur als höchst zweckmäßig anzuerkennen, denn nicht allein, daß eine entsprechende Zahl Schüsse von jedem Mann auf die verschiedenen Distancen geschossen werden, so bleibt doch dem Compagnie-Chef, sowie dem Bataillons-Commandeur, noch eine gewisse Anzahl von Patronen, die er nach eigenem Ermessen zu Extraübungen verwenden kann.

Bei diesen Extraübungen hat man Gelegenheit, sowohl Salven als Schützenfeuer in unbekanntem Terrain und auf selbstzuschätzende Distancen vorzunehmen, wobei man möglichst viel Variationen, sowohl in Bezug auf das Terrain, als auf die Scheiben und auf die Lage der Schießenden eintreten lassen kann.

Im Allgemeinen dürfte wohl noch ein größerer Werth auf gutes Salvenfeuer gelegt werden, da diese Feuerart die eigentliche Natur des Zündnadelgewehres ist. Es erscheint deshalb auch zweckmäßig, mit Rücksicht darauf, Vorübungen mit dem einzelnen Mann zu machen, indem man ihn schon auf dem Scheibenstande öfter auf Kommando schießen und sein Abkommen anzeigen läßt. Jedenfalls gewöhnt sich der Soldat dadurch an ein rasches Auffassen des Ziels und disciplinirt seinen Zeigefinger besser, so daß dieser nicht ohne seinen Willen abdrückt.

Wünschenswerth erscheint es dem Verfasser, wenn man, sowohl bei Vorübungen zum Salvenfeuer, wie bei diesem selbst die feinen Unterschiede des Zielens auf 100, 150, 200 u. s. w Schritt wegfallen ließe und statt dessen den Schützen nur anweisen wollte, auf des Gegners Mitte zu halten, denn man würde im Kriege doch nicht mehr erreichen.

Für den Instrukteur im Schießen mögen folgende Regeln gelten:

Er waffne sich mit Geduld, berücksichtige stets den geistigen Standpunkt des Mannes, passe seine Instruktion dem Begriffsvermögen desselben an, erläutere sie durch praktische, für den gemeinen Mann faßliche Beispiele, überspringe nie einen unbegriffenen Punkt, vermeide alle unerklärten Fremdwörter und thue dem Mann so wenig Zwang an wie möglich.

In wie weit diese mehr für den Instrukteur bestimmte Theorie des Schießens auf den Mann übertragen werden kann, läßt sich nicht sagen, sondern hängt ganz von dem Begriffsvermögen des Einzelnen ab.

Man hat schon viel gewonnen, wenn der Soldat sich im Allgemeinen keine falschen Begriffe macht, eine richtige Idee von den Haupterscheinungen (der Folge von falsch Korn nehmen, von seitlichem Licht und Wind, von Verkanten) hat und sich einigermaßen die Flugbahn und die daraus entspringende Nothwendigkeit des Gebrauchs von verschiedenen Visiren, so wie den bestrichenen Raum vorzustellen vermag. Zu diesem Zweck ist diesem Werkchen die Zeichnung einer Flugbahn beigefügt, wie sie das Langblei aus dem Zündnadelgewehr durchschnittlich beschreibt.

Man klebe diese Zeichnung auf ein $\frac{1}{4}$zölliges Brett oder auf steife Pappe, durchbohre die Punkte 1, 2, 3 .... 7 und ziehe Zwirnsfäden durch diese Löcher. Auf der Seite der Zeichnung ziehe man auf jeden dieser Fäden ein Schrotkorn und mache einen Knoten davor. Dann ziehe man von der anderen Seite die Fäden so weit durch das Brett, daß die Bleikugeln bei horizontaler Lage der Linie a y in b, c, d, e, f, g und h fallen, und verknote nun wieder die Fäden auf der anderen Seite des Brettes, so daß sie sich nicht durch die Löcher ziehen lassen. Ebenso befestige man an dem Punkte a, der die Mündung des Gewehres vorstellt, einen längeren Faden, mit dem man die Visirlinie markiren kann. In der zwischen a und h verzeichneten Flugbahn ist der Maaßstab für den Fall der Kugel größerer Deutlichkeit halber 4mal größer, als in a, y, dagegen stellt die Linie a z das richtige Verhältniß dar. So lange man Erklärungen beim horizontalen Schuß vornimmt, bedient man sich ohne große Fehler der Linie a h. Will man jedoch zeigen, wie die Pendel bei größerer Elevation oder Senkung fallen, so muß man die Fäden durch das Brett ziehen, bis die Kugeln in die entsprechenden Punkte der Linie a z fallen.

a y ist die verlängerte Seelenachse und man sieht auf den ersten Blick, daß, wenn die Visirlinie mit der Seelenachse gleichlaufend (d. h. das Gewehr verglichen) wäre, die Kugel stets unter den Zielpunkt fallen würde. Hieraus ergiebt sich die Nothwendigkeit erhöhter Visire.

Spannt man nun den Faden von a nach w, so hat man die Visirlinie des Standvisirs alter Visirung; nach x die des

Standvisirs neuer Visirung. Man zeigt jetzt, wie sich die Flugbahn zu dieser Visirlinie verhält, welchen Weg die Kugel über, welchen sie unterhalb derselben macht. Mit Hülfe des Zirkels und des Verticalmaßstabes kann man leicht nachmessen, wie viel man mit Standvisir auf irgend eine Distance unter oder über den Treffpunkt zu halten hat. Will man den bestrichenen Raum für Standvisir finden, so braucht man nur einen geraden Streifen Papier, dessen Breite die Höhe des Infanteristen oder Reiters vorstellt, mitten über die Visirlinie zu legen; so weit derselbe die Flugbahn deckt, geht der bestrichene Raum. Dasselbe Experiment kann man mit den übrigen Visirlinien machen, wenn man die auf der Linie z q angegebenen Punkte, welche bezeichnen, wie weit Visirlinie und Seelenachse auf 600 Schritt auseinander gehen (divergiren), mit a verbindet. v ist kleine Klappe alter, u neuer Visirung; r ist Lochvisir alter, s Segment neuer Visirung, t ist große Klappe alter, q große Klappe neuer Visirung.

Will man die Folge des Verkantens mit diesem Pendelbrettchen nachweisen, so stellt man sich mit dem Faden eine Visirlinie, z. B. a s, dar und zeigt, daß, wenn man das Brettchen nicht verkantet, die Pendel alle in die Verticalebene der Visirlinie fallen und der letzte Pendel über den Zielpunkt s trifft. Verkantet man nun das Brettchen nach rechts, so sieht man sofort, daß alle Pendel aus der Verticalebene der Visirlinie abweichen und auch tiefer fallen, mithin die ganze Flugbahn nach rechts abweicht.

In der eben angedeuteten Weise lassen sich eine Menge die Flugbahn betreffende Dinge dem Mann zur Anschauung bringen.

Ein anderes Mittel, dergleichen zur Anschauung zu bringen, ist Folgendes: Man läßt, um die Seelenachse schärfer zu bezeichnen, zwei hölzerne Ringe drehen und mit einem Fadenkreuz versehen. Den einen steckt man in die Mündung, den andern ins Laufmundstück und läßt nun den Mann die Richtung der Visirlinie mit der Richtung der Seelenachse direct vergleichen.

Will man z. B. die Abweichung durch geklemmtes Korn nachweisen, so stellt man das Gewehr auf den Zielbock mit geklemmtem Korn auf einen senkrechten Strich ein, nöthigt den Mann über das Korn nach dem Strich zu sehen, wobei er natürlich dasselbe geklemmt im Visir erblickt. Läßt man ihn dann durch das im Lauf angebrachte Diopter sehen, so wird er sehr bald erkennen, daß, wenn er links klemmt, die Abweichung der Kugelbahn auch nach links fällt. In derselben Art kann man, auf einen Horizontalstrich zielend, die durch zu hohes oder niedriges Korn entstehenden Abweichungen verdeutlichen.

Will man auf diese Art die Fehler des Verkantens klar machen, so kann man das auch. Man befestigt z. B. die auf die Distance von 50 Schritt perspectivisch verkleinerte Scheibe von 600 Schritt auf 50 Schritt, verlängert den senkrechten Strich in der Scheibe nach oben und unten, und theilt ihn nach dem Verhältniß der Verkleinerung in Fuße ein. Legt man nun das Gewehr so auf den Zielbock, wie man auf 600 Schritt zielen würde (bei alter Visirung, daß große Klappe und Korn etwa 2 bis 4 Fuß unter der Scheibe einschneiden, bei neuer Visirung, daß das Segmentvisir und Korn etwa 2 bis 3 Fuß unter den Treffpunkt fallen), und läßt dann den Mann durch den Lauf sehen, so kann derselbe leicht an dem eingetheilten Strich lesen, wie viel die Seelenachse höher in die Scheibe trifft, als die Visirlinie, wie viel also die Kugel auf diese Distance fallen muß, um den Zielpunkt zu treffen. Stellt man das Gewehr ebenso aber verkantet ein, so zeigt sich beim Durchsehen durch den Lauf die Abweichung durch Verkanten eben so deutlich nach links oder rechts.

Alle dergleichen praktische Hülfsmittel anzuführen, erlaubt der Raum nicht, es soll auch hierdurch nur die Richtung angegeben werden, wie man sich dem Soldaten am besten verständlich machen kann. Die Hauptsache bleibt für den Instrukteur, daß er sich stets der Einfachheit befleißigt und alle Dinge so lehrt, wie sie der Kriegszweck erfordert. Um diesen sich jedoch recht klar zu machen, mögen noch einige Betrachtungen über Mann und Gewehr folgen.

Betrachten wir zuerst den Mann, wie wir ihn als Rekruten erhalten, um einen Soldaten aus ihm zu machen.

Es ist nicht zu leugnen, daß die größte Volksschule in Preußen die allgemeine Wehrpflicht ist. Wer sich davon überzeugen will, vergleiche den eben ankommenden Rekruten mit dem zu entlassenden Reservisten, sowohl in körperlicher als geistiger Beziehung.

Diesen Unterschied noch größer zu machen, muß unser Bestreben sein, und das Mittel hierzu liegt weniger in der Zeit, als in der Art, wie man die Zeit benutzt und in den gebotenen Hülfsmitteln.

Die militairische Erziehung muß sich auf die Anlagen stützen, die der Rekrut mitbringt, und hierin steht unser Volk keinem andern der Welt nach. Die Eigenthümlichkeiten dieser Anlagen richtig auszubeuten, ist unser Zweck. — Gesunde Sinne und kaltes Blut, möglichst bis zum Phlegma, sind die besten Anlagen für den Schützen, und beides findet sich im Norddeutschen zur Genüge. — Die Leute aus dem mitunter zu starkem Phlegma aufzurütteln, ist für andere militairische Zwecke wohl nothwendig, man sehe sich jedoch vor, daß man keine Aengstlichkeit erzeuge. — Wer bei einer plötzlich eintretenden Gefahr oder einem Schrecken irgend einer Art noch die Besinnung behält, sich die Sache doch erst einmal anzusehen, hat Gefahr oder Schrecken schon halb überwunden. Lassen wir dem Mann diese Eigenschaft, wenn er sie hat, und begnügen wir uns damit, wenn er unsere Autorität anerkennt, ohne sich gleich zu Boden geschmettert zu fühlen. Geben wir ihm lieber durch consequente und wohlwollende Behandlung selbst den Maßstab in die Hand, mit dem er aus den seinerseits gegebenen Ursachen auf die Folgen zu schließen vermag.

Steigen wir zu dem Ideengange des Mannes herab, so werden wir ihn zu uns heraufziehen, wollen wir ihm hingegen durch Gelehrsamkeit imponiren, wie man das häufig bei halb gebildeten Unteroffizieren findet, so bleiben wir ihm unverständlich und unbegreiflich.

Mit einem Worte, bei zweckmäßiger Behandlung und Instruktion kann man schon etwas aus unseren Leuten machen, denn sie sind im Allgemeinen gutwillig und lernbegierig, wenn man ihnen den Stoff nur nicht gar zu ungenießbar macht.

Daß man bei der besten und richtigsten Behandlung von der Welt nicht aus jedem Mann einen guten Schützen machen kann, liegt in der Verschiedenheit der Anlagen.

Zu einer zweckmäßigen Verwendung in der Masse läßt sich jedoch ein Jeder heranbilden und genügt es für besondere Zwecke vollkommen, wenn auch nur ein Theil der Mannschaft aus besonders guten Schützen besteht. Unser Gewehr entspricht beiden Anforderungen, es ist ein eben so gutes Präcisions- als Massengewehr, und in letzterer Beziehung allen fremden Waffen bei Weitem voraus.

Diesen Vortheil in künftigen Kämpfen auszubeuten, wird unser Bestreben sein müssen. Die gewaltige Feuerentwickelung, die das Gewehr erlaubt, muß uns dahin führen, die Schußwaffe so lange mit Sparsamkeit zu verwenden, bis der Moment eintritt, wo man in kurzen überwältigenden Schlägen von der vollen Kraft der Waffe Gebrauch machen kann.

Ein lang genährtes Schützenfeuer bringt uns keinen Vortheil, wir dürfen es daher auch nicht herbeizuführen suchen. Sind wir dazu genöthigt, so mögen wir es durch einzelne wohlgezielte Schüsse unserer besten Schützen unterhalten, mit dem Rest der Leute aber gut gedeckt den Moment abwarten, wo entweder von uns oder dem Feinde die Deckung verlassen wird, um zum Angriff überzugehen. Dann, und zwar auf wirksame Distancen, kann man den vollen Gebrauch machen, und in diesem Moment braucht man die Patronen nicht zu sparen. Diese Distance aber ist der Bereich des ersten bestrichenen Raumes, wo der Mann ohne viel Künstelei nur mit Standvisir auf die

Mitte des Gegners zu halten braucht. Wie nahe man noch von der Feuerwirkung Gebrauch machen kann und wird, ergiebt sich von selbst durch die Länge des Bajonets.

Massenhaften Schützenschwärmen zu begegnen, haben wir dasselbe Mittel wie der Feind, bei doppelter Geschwindigkeit des Feuerns, wenn wir von dieser Geschwindigkeit nur nicht früher als im Bereich des ersten bestrichenen Raumes Gebrauch machen. Es läßt sich übrigens wohl denken, daß man in diesem Fall statt des Schnellfeuerns einen wirksamen Gebrauch von der Salve machen kann, denn, abgesehen von dem moralischen Effect, und davon, daß die nöthige Geistesgegenwart und Besonnenheit bei der Salve in der Hand eines Einzelnen, des Kommandeurs, liegt, so deckt das Schnellfeuer die Front fortwährend mit Pulverdampf und benimmt die Aussicht total, während dies bei der Salve nur momentan der Fall ist, auch sind in letzterem Falle gegenseitige Störungen nicht so groß.

Bei geschlossenen Truppen wird die vortheilhafteste Entwickelung immer die sein, wo jeder Mann zum Feuern kommt und nicht eine Menge Leute blos Zielscheiben sind, immer vorausgesetzt, daß man vom Feuer nur in den zweckmäßigen Grenzen Gebrauch macht, in denen der Soldat ohne Künstelei mit Erfolg schießen kann.

Dieser Grundsatz dürfte auch wohl auf die Quarré-Formation Anwendung finden, nur hat man hierbei noch zu berücksichtigen, daß die Truppe bei der Möglichkeit der vollsten Feuerwirkung den möglichst kleinsten Raum einnimmt. Ein viergliedriges Quarré würde diese Aufgabe lösen, denn zur Noth können durch Niederknien der beiden ersten Linien alle Leute gleichzeitig Gebrauch von der Schußwaffe machen. Außerdem hat ein solches Quarré von Artilleriefeuer weniger zu leiden, hat einen größern innern Raum, gestattet die Bildung einer größern Flanke und ist sehr leicht aus unserer Normalstellung zu formiren.

Eine andere Seite der Ausbeutung unserer Waffe liegt darin, daß uns so wenig ein plötzlicher, als ein anhaltender Regen in dem Gebrauch des Schusses hinderlich ist, was man von keinem Percussionsgewehr sagen kann. Ein tüchtiges anhaltendes Regenwetter dürfte daher das Element unseres Feuergefechtes sein und müßte gesucht und benutzt werden.

Alle vorherigen Betrachtungen sollen nur darauf hinführen, daß man mit Bezug auf die Natur unserer Waffe und unserer Leute keine Patrone unnütz verschießt, aber auch im Bereich der Wirksamkeit damit nicht spart, denn die Schnelligkeit des Feuers, wenn sie nicht auf Kosten der Sicherheit erreicht wird, legt ein großes Gewicht in die Wagschale der Entscheidung.

Um aber ein sicheres und schnelles Feuern zu ermöglichen, muß der Mann möglichst frei von allen Nebendingen gehalten werden, und scheint es zweckmäßig, unsere Friedensübungen ganz dem Kriegszweck anzupassen, beispielweise alle Kommando's wegzulassen, die im Gefecht von selbst entbehrlich werden. Der Soldat im Gefecht vergißt das Laden von selbst nicht, wenn er geschossen hat. Man kann deshalb nach gegebener Salve das Kommando „Geladen!" sparen, statt dessen sofort in die Bewegung übergehen und versichert sein, daß nach 20 Schritten schon Jeder wieder geladen hat. Ebenso erscheint die Angabe der Distancen beim Abgeben einer Salve nur zeitraubend, denn ob es 100 oder 300 Schritt sind, man muß zufrieden sein, wenn der Soldat sein Ziel, wie man sagt, auf die dicken Haufen nimmt. Feinere Unterschiede wird er nicht machen und hat es auch der Natur seines Gewehres nach nicht nöthig, da diese Entfernungen im Bereiche des ersten bestrichenen Raumes liegen. Massenfeuer auf weitere Distancen, also über circa 350 Schritt, kann nur ausnahmsweise stattfinden und zwar nur in solchen Fällen, wo man dadurch für sich in keine Verlegenheit kommt und die Balance zwischen dem Patronenverbrauch und dem Schaden, den man dem Feinde zuzufügen vermag, eine günstige ist. In solchen Fällen ist aber die Zeit auch nicht so kurz bemessen, und man kann Visir und Haltpunkt ermitteln und angeben.

Häufig hört man den Vorwurf aussprechen, das Zündnadelgewehr erlaube ein zu schnelles Schießen und die Folge davon würde ein zu baldiges Verschießen der Munition sein. Wer wirklich diesen Vorwurf dem Gewehr macht, dem ist nur zu rathen, auf das Luntenschloß zurückzugehen. Wir brauchen nur den Patronenverbrauch der Franzosen im letzten italienischen Kriege zu betrachten, um uns zu überzeugen, daß auch das Percussionsgewehr, trotz der Schwierigkeiten im Laden, die durch Ansammlung des Pulverschleims noch erhöht werden, einen unerhört schnellen Verbrauch von Munition gestattet. Der Fehler liegt also wohl nicht in der Waffe, sondern in der unsinnigen Verwendung derselben und der geringen Erkenntniß des Werthes einer Patrone Kostet ein solches Ding auch nur 4 Pfennige, so möchten doch die letzten Patronen im Lauf in der Stunde der Gefahr einen unbezahlbaren Werth erhalten. Wirken wir daher im Frieden schon dahin, daß es uns möglich wird, die schärfste Feuerdisciplin im Kriege zu üben, denn darin liegt der Weg zum Siege.

Anmerkung. Für den Fall, daß Truppentheile alte Gewehre in der angegebenen Weise zu Zielgewehren umgeändert, oder andere vom Verfasser angegebene kleine Hülfsmittel zur Instruktion zu haben wünschen, und daß sie dies in ihren Garnisonen nicht ermöglichen können, diene zur Nachricht, daß der Bataillons-Büchsenmacher Bilke vom Füsilier-Bataillon 1. Thüringischen Infanterie-Regiments Nr 31. zu Erfurt dergleichen Arbeiten auf Bestellung gut auszuführen im Stande ist.

Druck von Gerhardt & Schreiber in Erfurt.